SpringerWienNewYork

Edition Angewandte

Buchreihe der
Universität für angewandte Kunst Wien
Book Series of the
University of Applied Arts Vienna

Herausgegeben von / Edited by Gerald Bast, Rector

edition: 'ʌngewʌndtə

Michael Schneider
Philipp Maurer
(Hrsg./eds.)

im:print 2011

zustandsprotokolle aktueller druckgrafik
journal of the current state of printmaking

SpringerWienNewYork

Michael Schneider, Institut für bildende und mediale Kunst, Grafik und Druckgrafik, Universität für angewandte Kunst Wien, Österreich / Institute of Fine Arts and Media Art, Graphics and Printmaking, University of Applied Arts Vienna, Austria

Philipp Maurer, Verleger und Herausgeber des UM:DRUCK, Zeitschrift für Druckgraphik und visuelle Kultur, Wien, Österreich / Editor of UM:DRUCK, magazine for printmaking and visual culture, Vienna, Austria

Printed in Austria

SpringerWienNewYork is part of
Springer Science+Business Media
springer.at

Grafische Gestaltung / Graphic Design: Javier Pérez Gil, Elisabeth Parth
Übersetzung / Translation: Charlotte Deutsch, Michael Schneider
Lektorat / Copy editing: Leonore Maurer, Terri F. Reilly
Druck / Printed by: Holzhausen Druck GmbH, 1140 Wien, Austria

Gedruckt auf säurefreiem, chlorfrei gebleichtem Papier – TCF
Printed on acid-free and chlorine-free bleached paper
SPIN: 80029393

Bibliografische Information der Deutschen Nationalbibliothek
Die Deutsche Nationalbibliothek verzeichnet diese Publikation in der Deutschen Nationalbibliografie; detaillierte bibliografische Daten sind im Internet über http://dnb.d-nb.de abrufbar.

ISSN 1866-248X
ISBN 978-3-7091-0494-1 SpringerWienNewYork

GENEROUS SUPPORT PROVIDED BY THE ART DEPARTMENT, LEIGH GERDINE COLLEGE OF FINE ARTS

Webster UNIVERSITY

Inhalt

Contents

Vorwort

Willkommen zum im:print 2011!

Michael Schneider

im:print 2010 wurde im Mai 2010 am Schluss des Symposions *Matrix* präsentiert, das im Rahmen der Ausstellung *multiple matters* des *International Print Network Kraków – Oldenburg – Wien* im Künstlerhaus Wien stattfand. Diese Diskussion versammelte unterschiedliche Positionen zum gegenwärtigen Stand der Druckgrafik, protokolliert diente sie als Ausgangspunkt für die erste Ausgabe des im:print 2010. Schon die Jahreszahl im Titel macht unsere Absicht deutlich, eine inhaltliche Diskussion zu erweitern, die ohne im:print auf einen bestimmten Zeitpunkt und eine bestimmte Region beschränkt geblieben wäre. Der im:print leistet mit diesem Konzept einen Beitrag zu den von Jahr zu Jahr wachsenden und immer erfolgreicher werdenden internationalen Strukturen zum Austausch von Ideen und Informationen im Bereich der Druckgrafik. Das erstmalige Erscheinen des im:print 2010 erwies sich als wichtige Dokumentation für die internationale dynamische Entwicklung der Druckgrafik und ihre Bedeutung innerhalb des Diskurses zur Gegenwartskunst.

Viele Erstmaligkeiten erlangen jedoch nicht die erhoffte Bedeutung und Wirkung, wenn sie Einzigartigkeiten bleiben. Der im:print 2011 ist Bestätigung, dass der im:print am besten Weg ist, ein wichtiges Diskussionsorgan zu werden. Auch der im:print 2011 ist, wie es schon der im:print 2010 war, eine Einladung an KünstlerInnen, TheoretikerInnen, HistorikerInnen, Lehrende und ForscherInnen die Diskussion aktueller Druckgrafik mit Textbeiträgen für den im:print 2012 fortzusetzen. Und da der im:print 2011 zeitgleich mit der Southern Graphics Council International (SGCI) Conference erscheint, die vom 16. bis 19. März 2011 unter dem Motto *equilibrium* in St. Louis, Missouri stattfindet, sind wir sehr optimistisch, die Diskussionsbasis weiter zu verbreitern.

Trotz der web 2.0-Technologie, die einer weltweiten Gemeinschaft von DruckgrafikerInnen erlaubt, Ideen und Arbeiten online auszutauschen, wird der im:print auch in Zukunft eine von Experten begutachtete

Publikation bleiben, die sich als Druck auf Papier und als ein in klassischem Sinn gebundenes Buch manifestiert. Die mögliche Lesung des Titels als „in:print" ist deshalb durchaus gewünscht. Das mit der ersten Ausgabe eingeführte Coverdesign wird beibehalten, es zeigt einen *Quick Response (QR) Code*, der als link zur Webseite www.im-print.org fungiert. Die Web-Präsenz des im:print ist zwar noch bescheiden und dient gegenwärtig hauptsächlich zum download von Information, die sich online leichter als gedruckt auf Papier vermitteln lässt. Da druckgrafische Konzepte aber immer häufiger am Bildschirm anstatt auf dem Papier umgesetzt werden, werden wir kontinuierlich die Rolle der Webseite innerhalb der Publikationsstruktur des im:print aufwerten. So kann eine dynamische Plattform entstehen, die mit vielen anderen Internetseiten, die ein gemeinsames Interesse an der Druckgrafik verbindet, verlinkt sein wird und die Entwicklung der gedruckten Ausgabe verbessert.

Schon der erste Beitrag der vorliegenden Ausgabe – die Transkription der Diskussion *Print Unlimited?* in der Kunsthalle Wien in Zusammenarbeit mit der Klasse für Grafik und Druckgrafik der Universität für angewandte Kunst Wien und der Galerie Kro Art Contemporary im Rahmen der *Vienna Art Week 2010* (November 2010) – beweist, wie wichtig Austausch und Diskurs für den im:print sind. An diesem Abend durfte ich als Gastgeber mit **Monika Knofler**, der Direktorin des Kupferstichkabinetts der Akademie der bildenden Künste Wien und **Georg Russegger**, Medienkünstler, -theoretiker und –forscher, Fragen zur Druckgrafik diskutieren. Ausgangspunkt unseres Gespräches war die Ausstellung *Druck am Limit* in der Galerie Kro Art Contemporary Wien, die vier Positionen aktueller Druckgrafik präsentierte.[1] Es war zwar in der kurzen Zeit nicht möglich, alle angesprochenen Aspekte in ihrer Komplexität auszudiskutieren, doch in einem wichtigen Punkt wurde Einvernehmen erzielt: über die Erkenntnis, dass die oft postulierte Krise der Druckgrafik nur aus einer inhaltlichen Verwirrung in der Folge mehrerer Krisen in der Kunstwelt entstanden ist. Es ist außerordentlich hilfreich, die wahre Natur der Krisen zu erkennen, um die Chancen zu nützen, die sich in jeder Krise auftun. Eine der Krisen, die auf die Druckgrafik Einfluss haben, ist im Bereich der Ökonomie des Kunstmarktes angesiedelt und wird von Strategien, den Kunstmarkt mit vermarktbaren Gütern zu versorgen, beeinflusst. Zusätzlich zu Überlegungen betreffend Inhalt, Konzept und Ästhetik von Kunstwerken, die am Markt reüssieren könnten, erscheint es für die Druckgrafik besonders wichtig, einen Kanon von technischen Regeln festzulegen und zu befolgen.

In ihrem Beitrag für den im:print 2011 zitiert **Chiara Giorgetti** Luis Camnitzer[2] mit den Worten: „Druckgrafik ist wahrscheinlich das beste

[1] Arbeiten von Julia Cristofolini, Renata Darabant, Simon Goritschnig und Dobroslav Houbenov, Galerie Kro Art Contemporary, Getreidemarkt 15, 1060 Wien, 17.11.2010 – 16.1.2011 (www.kroart.at/austellung/druck-am-limit)

[2] Luis Camnitzer erhält während der SGCI Conference 2011 in St. Louis, Missouri den *Printmaker Emeritus Award.*

Beispiel für den Sieg des technischen Fundamentalismus über die kreative Freiheit im Kunstschaffen." Obwohl sich Camnitzer hier nur auf die Einengung durch technische Regeln bezieht, gibt es auch viele andere geschriebene und ungeschriebene Richtlinien, welche die Druckgrafik über das Technische hinaus einschränken. Dazu gehört eine Tradition von Regeln, die aus dem Verständnis von Handwerkskunst und einer Art Lehrlingssystem im Rahmen der Ausbildung von DruckgrafikerInnen generiert wurden und angehenden DruckgrafikerInnen als Richtschnur dienen. Religionen ähnlich, die die Unantastbarkeit ihrer Gesetze aus der Autorität von Gottheiten ableiten, werden Regeln, die von den Meistern in den Druckgrafikwerkstätten erlassen werden, nicht hinterfragt. Zugegebenermaßen gibt es gute Gründe dafür, die Arbeit in Druckgrafikwerkstätten zu reglementieren, um z.B. die falsche Verwendung von Geräten und Material zu verhindern, um für Sicherheit zu sorgen oder um sicher zu stellen, dass Produktionsschritte in der richtigen Reihenfolge durchgangen werden. Allerdings öffnet sich dieses Meister-Lehrling-System nicht so weit, Einblick in die Begründungen und Rechtfertigungen von Regeln und Gesetzen zu geben. Als der Kunstmarkt die Klassifikation von gedruckten Kunstwerken regulierte, um die Zukunft des Druckes als handelbares Gut sicher zu stellen, wurden diese Kunstmarkt-Regeln zusätzlich in den bestehenden Kanon der von den Druckwerkstätten definierten Regeln übernommen und lange Zeit nicht hinterfragt.

Eine andere Krise zeigt sich darin, dass es für DruckgrafikerInnen offensichtlich schwierig ist, ihre Arbeit aus dem „Ghetto" der Druckgrafik zu führen und sich an einer offenen Diskussion mit anderen Formen der Kunst zu beteiligen. Während technische Fragen wieder und wieder diskutiert werden, nicht zuletzt deshalb, weil sie nicht so kontroversiell wie die Diskussion über Inhalte und Themen sind, wurde die Diskussion über die beabsichtigte Botschaft einer Druckgrafik eher vernachlässigt. Wenn Chiara Giorgetti beschreibt, wie Arnulf Rainer Piranesi „überzeichnet" hat oder die Brüder Chapman über Goya „hinweggerollt" sind, dann sehen wir Georg Russegger in seiner Vermutung bestätigt, dass die Druckgrafik ihren eigenen *iconoclash* durchmachen muss. Dies wird wohl in einer Art geschehen müssen, die sich im Titel der Diskussion mit *Print Unlimited?* fand und von Chiara Giorgetti mit den Worten „das Medium austesten, weit über seine konventionellen Grenzen hinaus" beschrieben wurde. Einige der Grenzen, die ausgelotet werden, zeigen sich dort, wo die Hybridisierung des Mediums neue Formen der Kooperation erprobt. Chiara Giorgetti erklärt auch, warum DruckgrafikerInnen so sehr in diese Entwicklung eingebunden sind, da „im Bereich der Druckgrafik der intermediale Anspruch paradigmatisch zu sein" scheint.

Der Wille sich auszutauschen, zu teilen und zu kooperieren ist die Basis für den Beitrag von **Beauvais Lyons** über die Exchange-Portfolios von DruckgrafikerInnen und deren Formen. Lyons erläutert nicht nur deren Idee und Anspruch als relationale Kunst, sondern auch, wie die ökonomische Realität die Etablierung einer Tauschökonomie der DruckgrafikerInnen beeinflusst und wie die TeilnehmerInnen davon, über die reine Sammlung von Arbeiten von KollegInnen hinaus, profitieren.

Die Sozialisierung in den Druckwerkstätten, wo geteilt und kooperiert werden muss, könnte ein Grund für die große Bereitschaft von DruckgrafikerInnen sein zu teilen, zu kooperieren, zu kombinieren und sich auszutauschen. Wie wichtig der Zugang zu Studios, Werkstätten, und Ausrüstung für die Entwicklung der Druckgrafik ist, erklärt **Dorothee Pauli**. Ihre Einführung in die fast verborgene Welt der Druckgrafik von *Aotearoa* (Maori-Bezeichnung für Neuseeland) informiert nicht nur über die Geschichte der Druckgrafik in einem Land, in dem die Ressourcen und der Markt für Druckgrafik immer beschränkt waren. Pauli beschreibt auch Erfolgsgeschichten von KünstlerInnen, die es trotz dieser Voraussetzungen geschafft haben, qualitativ hochwertig zu arbeiten, ihre Werkstätten zu erhalten und Know-how weiterzugeben. Auch wenn die globale Vernetzung heutzutage erlaubt, unglaublich schnell Informationen über fast alles zu sammeln, ruft Pauli in unser Gedächtnis zurück, dass es noch immer blinde Flecken in unserer Sicht auf die Welt der Druckgrafik gibt. Ihre Erläuterungen helfen uns, den status quo der Druckgrafik in Neuseeland aus der historischen Entwicklung heraus zu verstehen.

Einen ähnlich historischen Bericht liefert **Snejina Bisserova** über ihre Bemühungen, die wasserlose Lithografie in Bulgarien einzuführen und als Technik im Ausbildungssystem zu etablieren. Die kreative Freiheit, die KünstlerInnen durch die Vorteile der Siligrafie erfahren, zeigt exemplarisch, wie verknüpft Technik, künstlerischer Ausdruck und konzeptuelle Arbeit in diesem Bereich sind. Die Siligrafie, andere ungiftige Techniken und digitale Werkzeuge ermöglichen es, alle Aspekte einer Kunst, die Publikation intendiert, zu mischen, zu kombinieren, zu dekonstruieren und zu rekonstruieren.

Durch das heute zur Verfügung stehende Repertoire an Techniken wurden Definitionen von Druckgrafik, die rein auf Kriterien der Technik und des Materials basieren, obsolet. Es ist notwendig, die ursprüngliche Funktion von Druck und Druckgrafik in Erinnerung zu rufen. In der Druckgrafik geht es um die Verbreitung einer Botschaft, sei es eine politische, eine soziale, eine religiöse, eine persönliche, eine poetische, eine sprachlich kräftige oder sprachliche sanfte, eine versteckte oder eine offensichtliche, eine notwendige oder unnotwendige. In der Druckgrafik geht es um eine Botschaft und die Technik dient lediglich dazu, sie zu vermitteln. **Philipp Maurer** beschreibt die Wichtigkeit der Botschaft für die historische Entwicklung der Druckgrafik und für die gegenwärtige Praxis. Maurer geht über technische Fragestellungen hinaus und erläutert, wie DruckgrafikerInnen Teil einer Avantgarde werden, die am Wechsel von Paradigmen arbeitet und den Gedanken zulässt, dass Kunst funktioniert. Wenn Maurer erklärt, dass gute Druckgrafik imstande ist, das Zentrum der Diskussion außerhalb ihrer selbst zu schaffen, dann zeigt das, wie stark die Druckgrafik das Medium der Wahl jener KünstlerInnen war und sein wird, die sich selbst als *homo politicus* und ihre Kunst als Möglichkeit sehen, ihre Botschaft zu vermitteln.

Unser Dank gilt den Peers Assoz. Prof. Scott Betz, Winston Salem University (Winston-Salem, North Carolina), Prof. Beauvais Lyons, University of Tennessee (Knoxville, Tennessee), Assoz. Prof Miida Seiichiro, Tokyo University of the Arts (Tokio, Japan), Prof. Jožef Muhović, Akademie der bildenden Kunst (Ljubljana, Slowenien) und Prof. Sigbert Schenk, Universität für angewandte Kunst Wien (Wien, Österreich) für ihre kollegialen Bemühungen um die Inhalte des im:print.

Das Thema der SGCI Conference 2011 – *equilibrium* – spiegelt sich im Versuch dieses Zustandsprotokolls aktueller Druckgrafik wider, die fortwährenden Bemühungen von DruckgrafikerInnen zu beschreiben, die Balance zwischen technischen Möglichkeiten und ihrer Entwicklung einerseits und der Erneuerung von Konzepten der Kunstproduktion andererseits zu halten, wenn klare Paradigmenwechsel eine kritische Neuuntersuchung des Mediums selbst fordern. Mit dem im:print ist auch weiterhin beabsichtigt, ein Protokoll dessen zu schreiben, was von Bedeutung für die Druckgrafik und ihre weitere Entwicklung ist. Willkommen sind deshalb alle Beiträge, die sicherstellen, dass keine wichtigen Ideen, neuen Entdeckungen oder aufregenden Projekte für den im:print 2012 übersehen werden, der rechtzeitig zur SGCI Conference in New Orleans, Louisiana (März 2012) erscheinen soll.

Aus dem Englischen
von Michael Schneider

Anmerkungen zu Fragen der Sprachverwendung

Der grundlegende Gedanke bei der Übersetzung ins Deutsche oder Englische war immer das Postulat, möglichst nahe an der ursprünglichen Sprachverwendung zu bleiben. Gegenderte Schreibweise wird in den Texten verwendet, die im Originaltext diese auch zeigen. Bei Beiträgen, die in Deutsch verfasst wurden, haben wir die Entscheidung der jeweiligen AutorInnen respektiert. Dies gilt zum Beispiel auch für die Schreibweise von Grafik/Graphik. Obwohl die neue Rechtschreibung Grafik erwarten lassen würde, besteht die Schreibweise Graphik als bewusste Verwendung des Wortes mit der Bedeutung künstlerischer Grafik und zur Unterscheidung von Gebrauchsgrafik weiter.

Editorial

Welcome to im:print 2011!

Michael Schneider

In May 2010 the first edition of the im:print was presented to the public in the Künstlerhaus Vienna. The short and informal event marked the end of the symposium *Matrix*. The discussion, a part of the *International Print Network Vienna*'s event *multiple matters*, brought together basic viewpoints on the current state of printmaking. *Matrix* served as point of departure for the im:print 2010 introducing the publication as an extension of a discussion that otherwise would have been limited to a certain time and place. As mentioned in the editorial of the edition 2010, the increasing efforts to establish international structures for the exchange of ideas and information in the field of printmaking, in reaction to underlying social, political and economic developments, have reached a point, that in our assessment, a publication like the im:print is much needed. The realization of the im:print 2010 as a first, has been significant as a document of the increasing dynamic in the field of printmaking and its importance within the discourse on current art.

As it is with many firsts, they only become as important and impacting as they seem when they are followed by seconds and thirds and more. Therefore, the publication of the im:print 2011 serves as confirmation of the achievement im:print 2010 and also as renewed invitation to artists, theorists, historians, teachers and scholars to participate in the ongoing discussion of matters of printmaking. Welcome also will be submissions of text for im:print 2012. This year's edition is intended to reach out to the participants of the SGCI Conference *equilibrium* in St. Louis, Missouri, to further broaden the base for discussion.

Even though web 2.0 has offered the technological means to bring together the worldwide community of printmakers in an extensive online exchange of ideas and works, im:print, as peer reviewed academic publication, is still materialized as print on paper and bound as a classical book. Therefore the possible (mis)reading of the title as "in:print" is intentional. The cover design that was introduced with the first edition, and that we intend to continue for future editions, depicts a *quick response (QR) code* that links to the page *www.im-print.org*. The web presence of the im:print is a humble beginning. At present it is intended only to hold information ready for download, which is better perceived online rather than in print. As we witness printmaking concepts that increasingly turn the classical work on paper into screen images, we intend to step up the role of the web-page within the structure of im:print. At one point, it might serve as an essential platform that is linked to many other sites that share interest in printmaking and offers direct participation in the development of the next book.

As proof of the importance of discussion, the im:print 2011 starts with a transcript of a discussion that occurred under the title "Print Unlimited?" in November 2010 in the Kunsthalle Wien, as a cooperation between the Graphic Department of the University of Applied Arts Vienna and the Gallery Kro Art Contemporary as part of the *Vienna Art Week 2010*. As host of the evening, I had the honor to discuss topics of printmaking with **Monika Knofler**, Director of the Graphic Collection of the Academy of Fine Arts Vienna and **Georg Russegger**, Media-artist, -theorist and -researcher. The discussion was based on the exhibition "Druck am Limit" (Print at its Limit) at Kro Art Contemporary Gallery, showing four current positions in printmaking.[1] As might be expected, the debate did not go into depth on all of the aspects offered, but one very important agreement was reached: the recognition that the often-discussed crisis of printmaking is probably a confusion of several crises. The ability to clarify the nature of the problem helped significantly to understand the opportunities that come with every crisis. Obviously, one crisis is related to the economy of the art market and to strategies developed to supply the market with marketable goods. In addition to considerations for content, concept or aesthetic of artwork that might be suited for the market, one element that seemed particularly important for printmaking was the adherence to a set of technical rules.

In her article for the im:print 2011, **Chiara Giorgietti** cites Luis Camnitzer[2] stating: "Printmaking is probably the best example of the conquest of technical fundamentalism over the creative freedom of art making." Even though Camnitzer referred to strict technical rules, there is also an unwritten set of rules that has limited printmaking beyond the technical limits. A kind of apprentice system emphasizing craftsmanship in training printmakers has created a tradition of rules that guide aspiring printmakers in their practical work. Much like a religion that derives an authority to impose unquestionable laws from

1 Works by Julia Cristofolini, Renata Darabant, Simon Goritschnig and Dobroslav Houbenov, Galerie Kro Art Contemporary, Getreidemarkt 15, 1060 Vienna, Nov. 17, 2010 - Jan. 16, 2011 (www.kroart.at/austellung/druck-am-limit)

2 Luis Camnitzer will receive the *Printmaker Emeritus Award* during the SGCI Conference 2011 in St. Louis.

the will of a deity, the masters in the print studios established laws that were not questioned. And there may be good reasons to regulate the work in print studios. It does avoid misuse of equipment and material, guarantees safety and ensures a sequence of production. What this system does not open itself up to is insight into the reasons for the establishment of rules and regulations. When the art market regulated the classification of printed art work to ensure the future of the print as commodity, the rules that were established were incorporated into the canon that guided the studio practice and remained unquestioned for a long time.

Another crisis can be found in the difficulty for printmaking artists to move their work away from the print ghetto and to engage in an open dialog with other forms of art. While technical aspects are being discussed over and over, perhaps because technical matters are not seen as controversial as possible discussions about content, the discussion of the intended message of the printed work has been subdued. When Chiara Giorgetti describes how Arnulf Rainer has *überzeichnet* Piranesi, or how the Chapman Brothers *rolled over* Goya, we see Georg Russegger mirrored in his claim that printmaking has to perform its own *iconoclash*. This will have to happen in a matter that Giorgetti describes as "to probe the medium beyond the conventional confines" and the discussion at the Kunsthalle Wien as "Print Unlimited?". Some of the limits that are being probed are to be found where hybridization of the medium has set in or new forms of cooperation are being tested. Giorgetti explains why printmaking artists are so much involved with these developments when she writes: "In printmaking's area this cross-media attitude seems to be paradigmatic."

The intention to share, to cooperate and to exchange is the basis for **Beauvais Lyons**'s look into the different forms that exchange portfolios of printmaking artists have grown into. He not only describes how exchange portfolios demonstrate the spirit and attitude of relational art, but also explains that the economic reality has created a form of barter economy among printmakers that can be beneficial to participants even beyond the mere acquisition of works of colleagues by means of exchange.

The willingness to share, to cooperate, to exchange, to combine and to mix might be woven into the printmaking artist's fabric when the socialization in the print studio trains every artist to share and to cooperate. Just how important the access to studios and equipment is for the flourishing of printmaking is described by **Dorothee Pauli** in her contribution to the im:print. Her introduction to the almost hidden world of printmaking in *Aotearoa* (New Zealand) informs of the history of printmaking in a country where resources and markets for printmakers are limited but, nevertheless, devoted artist continuously succeeded in producing high-quality art work, maintaining the studios and passing on technical knowhow. Pauli's text is a reminder that even though fast and global networks allow us to gather information about almost everything instantly, there are still blind spots in our view of the print making world. An account like hers helps us understand the status quo from the historical development.

Snejina Bisserova also offers a kind of historical account in her essay. She describes her effort to introduce waterless lithography in Bulgaria and establish the technique in the educational system. The creative freedom that is gained by artists through the advantages of the process of Siligraphy exemplifies how interwoven technique, artistic expression and conceptual work in the field are. The opportunities that Siligraphy and other non-toxic techniques and digital tools have created rests in the freedom to mix, combine, deconstruct and reconstruct all aspects of the art that is intended to be published.

Today's repertoire of techniques have rendered conventional definitions of printmaking based only on the criteria of technique and material obsolete, which demands a closer look into the main function that print and printmaking had taken on from its inception. Printmaking has always been about the delivery of a message. Be it political, social, religious, personal, poetic, strong or sublime, hidden or obvious, needed or uncalled for, printmaking is art that is about a message, and the technique is merely the means to do so. **Philipp Maurer** describes the importance of the message for the historical development of printmaking and its current practice. In his essay, he reaches beyond technical questions and explains how printmaking artists are becoming part of an avant-garde working to change paradigms, allowing the thought that art may function. When Maurer states that good printmaking is able to deliver a focal point of discussion that is outside of itself, he explains how strongly printmaking has been and will be the medium of choice for artists that see themselves as *homo politicus* and their art as a way to convey their message.

We express our gratitude to the peers, Assoc. Prof. Scott Betz, Winston Salem University (Winston-Salem, North Carolina), Prof. Beauvais Lyons, University of Tennessee (Knoxville, Tennessee), Assoc. Prof. Miida Seiichiro, Tokyo University of the Arts (Tokyo, Japan), Prof. Jožef Muhović, Academy of Fine Arts (Ljubljana, Slovenia) and Prof. Sigbert Schenk, University of Applied Arts Vienna (Vienna, Austria) for their cooperative efforts to oversee the content of the im:print.

Following the *equilibrium* theme of the SGCI Conference, it seems that one of the attempts this protocol has taken on is to demonstrate the permanent struggle of printmaking artists, to keep the balance between technical means and their developments on one hand and on the other, the renewal of the concepts of art production when clear shifts of paradigms call for a critical reexamination of the medium itself. im:print intends to continue to write the protocol of what is of relevance in the field and its further development and welcomes contribution that ensure that we do not overlook important ideas, new discoveries or exciting projects for the im:print 2012, which is planned for publication in March 2012, in time for the SGCI Conference in New Orleans, Louisiana.

Druck am Limit – Print Unlimited?

Zwei Veranstaltungen, ein Thema

Monika Knofler, Georg Russegger, Michael Schneider

Die Ausstellung „Druck am Limit“ in der Galerie Kro Art Contemporary[1] versammelte vier junge DruckgrafikerInnen der Klasse Grafik und Druckgrafik Prof. Sigbert Schenk der Universität für angewandte Kunst Wien, die am Limit der herkömmlichen Definition von Druckgrafik arbeiten. Das bedruckte Blatt ist längst nicht mehr ausreichend für Kunst, die geschaffen wurde, um publiziert zu werden. Druck wird dreidimensional, Objekt oder bewegtes Bild, wird „papierlose Druckgrafik“. Die Arbeiten von Julia Cristofolini, Renata Darabant, Simon Goritschnig und Dobroslav Houbenov stehen exemplarisch für das Ausloten der Grenzen der Druckgrafik durch eine junge Generation von KünstlerInnen.

Die Diskussion „Print Unlimited?“[2] bietet eine Gelegenheit, Theorie und Konzept der StudentInnen zu erörtern. Die signierte und limitierte Auflage als Kriterium der Druckgrafik wird immer belangloser, die künstlerische Praxis orientiert sich neu. Die Druckgrafik ist der Ursprung und ein wesentlicher Teil der Zukunft der Medienkunst. Wie sie das sein kann, darüber diskutieren Dr. Monika Knofler (Kunsthistorikerin, Direktorin des Kupferstichkabinetts der Akademie der bildenden Künste Wien), Dr. Georg Russegger (Kommunikationswissenschaftler, Kurator, Künstler) und Mag. Michael Schneider (Kurator, Druckgrafiker) und sie stellen die Frage: „Ist die Druckgrafik heute unlimitiert?“

Der folgende Text ist das leicht gekürzte Transkript der Diskussion vom 17. November 2010 und gendergerecht adaptiert.

[1] Galerie Kro Art Contemporary, Getreidemarkt 15, 1060 Wien, in Zusammenarbeit mit der Klasse Grafik und Druckgrafik Prof. Sigbert Schenk, Institut für bildende Kunst, Universität für angewandte Kunst Wien / 17.11.2010 – 16.1.2011 (www.kroart.at/austellung/druck-am-limit)

[2] Kunsthalle Wien/ Videolounge, Museumsplatz 1, 1070 Wien / 17.11.2010, ab 18 Uhr

Schneider: Die Diskussion „Print Unlimited?“ (*mit* Fragezeichen!), geht von der Ausstellung „Druck am Limit“ aus. Sie versammelt Positionen im Bereich der Druckgrafik, die nicht den herkömmlichen Erwartungen entsprechen. Es sind Positionen am Rande der Druckgrafik, die vielleicht ihr Limit markieren, aber auch weitere Anknüpfungspunkte für die Arbeit und die Beschäftigung mit der Druckgrafik bieten.

Ästhetisch und technisch steht die Arbeit von *Julia Cristofolini* der Erwartung an die Druckgrafik von allen vier Positionen am nächsten. Allerdings zeigt sich, dass die Verwendung der traditionellen Technik und Materialien Zielen dient, die an die Grenzen der Druckgrafik gehen. Cristofolini bearbeitet und druckt eine Kupferplatte. Jedoch druckt sie keine Auflage sondern Zustände der Platte. Sie tut dies nicht zur Überprüfung der Platte im Sinne eines Zwischenschrittes, sondern als Teil eines Prozesses, der die Entwicklung der Platte über den gesamten Zeitraum der Bearbeitung dokumentiert. Sie hält dabei jeden Strich der Kaltnadel auf der Platte fest, einer Platte, die sich Strich für Strich von Weiß nach Schwarz entwickelt und durch das Polieren jeder einzelnen Spur der Nadel wieder von Schwarz zu Weiß. Die einzelnen Drucke, aneinandergereiht, ähneln nicht nur einem Filmstreifen, Julia Cristofolini hat aus dieser Reihe auch einen Film gemacht. Die Druckgrafik wird hier ein durch und durch zeitbasiertes Medium. Es wird in dieser Arbeit nicht nur die Zeit sichtbar, die in die Kreation der einzelnen Zustände der Platte fließt, nicht nur die Zeit, die der Druck der einzelnen Blätter beansprucht, sondern auch die Zeit, die als zusätzliche Dimension durch die Animation der Blätter in die Arbeit eingebracht wird.

So sehr traditionelle Materialien im Zentrum der Arbeit von Julia Cristofolini stehen, so wichtig ist die Materialität für die Arbeit von *Renata Darabant*. Druck findet hier dreidimensional in Glas und zweidimensional auf Kunststoff statt, während sich abgebildet Licht findet, das wiederum Materie sichtbar macht. Vier unterschiedliche Aspekte von Materie sind in Renata Darbants Arbeit zur Grundlage der Visualisierung geworden und in Form von dreidimensionaler Repräsentation in Glaskuben eingelasert. Anorganische, organische sowie von menschlichen Verstand entdeckte und gestaltete Materie, repräsentiert durch Pyramide, Ei, *dark matter* (dunkler Materie) und einen *Gömböc*[3], werden als dreidimensionales Abbild aus einer Ansammlung von Punkten geformt, die nicht materiell sondern nur als veränderter Brechungsindex existieren. Auch wenn diese dreidimensionalen Grafiken wieder und wieder gedruckt werden, existieren die Bilder nur aus und in Licht, wird die Diskrepanz zwischen Abbild und Objekt, Existenz und Repräsentation durch das Spiel des Lichtes in einem Glaskubus sichtbar. Die Untersuchung unserer Wahrnehmung wird durch Digital-

[3] Der *Gömböc* ['gœmbœts] ist ein konvexer dreidimensionaler Körper mit nur einer stabilen und nur einer labilen Gleichgewichtslage, 1995 von dem russischen Mathematiker Vladimir Arnold vermutet, bewiesen 2006 von den ungarischen Mathematikern Gábor Domokos und Péter Várkonyi. In seiner Form einem abgerundeten Faustkeil und im Verhalten einem *Stehaufmännchen* ähnlich, kehrt ein *Gömböc* allein durch seine Form immer wieder in seine stabile Gleichgewichtslage zurück. (Quelle: Wikipedia)

drucke von Makroaufnahmen der gedruckten Objekte noch verstärkt. Das Licht, das vom Kameraobjektiv eingefangen, auf optische Sensoren geleitet und später für unsere Augen zur Sichtbarkeit berechnet wird, unterscheidet sich von unserer direkten sensorischen Wahrnehmung der Realität. Das gedruckte und medial verbreitete Bild, das heute schon stärker unsere Vorstellung von der Welt prägt als unsere eigene Erfahrung, materialisiert sich hier und wird real.

Der schwierig zu fassende Übergang von Virtuellem zu Realem, beziehungsweise die Wechselwirkung zwischen Eindruck und Ausdruck ist das Thema der Arbeit von *Simon Goritschnig*. Seine Anordnung „Random Reality" beschäftigt sich mit Formen der Druckgrafik sowie den in der Herstellung verwendeten Werkzeugen und der dadurch kreierten Realität. Die Arbeit von Simon Goritschnig ist eine digitale Druckgrafik, die nicht durch eine statische Matrix entsteht, sondern durch eine dynamische, algorythmisch definierte. Unter Verwendung von *Processing* hat Simon Goritschnig Programme geschrieben, die mit Hilfe eines Zufallsgenerators Schriftbilder errechnen. Diese errechneten Bilder, bestehend aus einem für diese Arbeit geschaffenen *Font*, existieren nur als vom Display emittiertes Licht. Wir wissen darum nur, dass sie tatsächlich existieren, wenn wir den Schirm betrachten – eine papierlose Druckgrafik. Mit jeder neuen Berechnung verschwindet die Vorige, ohne Spur. Erst ein zweiter Zufallsgenerator, der festlegt, dass ein der Anordnung angeschlossener Drucker den Inhalt des Schirms auf Papier druckt, materialisiert das Werk, erschafft Bilder, die real sind. Der zufällige Ausdruck ist Dokument und dokumentierter Prozess zugleich. Durch die Verwendung von Schriftzeichen und Ordnungselementen von Sprache entsteht noch eine zusätzliche Bedeutungsebene, die ihren Zerfall in ihrer permanenten Erschaffung dokumentiert.

Dokumentarisch ist auch der Ansatz zu verstehen, den *Dobroslav Houbenov* für seine Arbeit gewählt hat. Die Betrachtung der politischen Relevanz von Druckgrafik im gegenwärtigen Konzert der Medien zeigt, dass die Druckgrafik von der Verbreitung politischer Inhalte zur ihrer Analyse übergegangen ist. Unsere Medienrealität untersucht Dobroslav Houbenov anhand von Videos, die Botschaften des Terrors im Internet verbreiten. Die meistgesehenen Videoclips auf *YouTube* finden sich komprimiert in Digitaldrucke. Die Fähigkeit, Botschaften zu komprimieren und ihre Essenz sichtbar zu machen ist Teil der politischen Funktion der Druckgrafik. In Houbenovs Arbeit wurden die Videos gescannt und die zeitbasierte Darstellung in eine Bildliche umgewandelt. Dieser Transformationsprozess schafft Bilder, die, von ihrem ursprünglichen Narrativ getrennt, Auskunft über die Mechanismen des Mediums und unserer Wahrnehmung geben. Die gescannten Videos abstrahieren ohne unkenntlich zu werden und legen dabei unsichtbare Strukturen des Mediums offen. Die Drucke erlauben einen Perspektivenwechsel in der Betrachtung unserer Medienrealität und in der Diskussion der Grenzen der Druckgrafik.

Vor vier Jahren erschien das Buch „Printmaking at the Edge“[4] von Richard Noyce, der darin jene internationalen Positionen der Druckgrafik darstellte, die eine Art Endpunkt der gegenwärtigen Entwicklung markieren. Vom gleichen Autor erschien 2010 das Buch „Critical Mass“[5], das sich mit Positionen beschäftigt, die noch einen Schritt weiter gegangen sind. Die Frage dabei ist: Kann man da noch von Druckgrafik sprechen? Ist es noch Druckgrafik oder entwickelt sich die Druckgrafik in eine völlig andere Richtung?
Die Entwicklung der Druckgrafik selbst ist eine der Medienkunst. Druckgrafik entsteht, wo sich die technische Fähigkeit zu publizieren mit einer künstlerischen Intention verbindet, wo ein künstlerischer Wunsch der Antrieb ist, sich die Technik zu Nutzen zu machen, um zu publizieren und die Öffentlichkeit mit einer künstlerischen Arbeit zu erreichen. Ich sehe ein wiederkehrendes Muster der künstlerischen Praxis: den Versuch, möglichst sofort die beste Technik zu verwenden, um diese Ideen bestmöglich zu verbreiten. Das zeigt die Entwicklung vom Holzschnitt über den Tiefdruck zum Flachdruck. Immer wenn eine Technologie für KünstlerInnen verfügbar wird, versuchen sie diese für sich zu nutzen, um ihre Arbeit zu verbessern und sie leichter und schneller zu verbreiten.
Diese Entwicklung setzte sich bis zur Erfindung des Offsetdrucks fort, der einen Bruch herbeiführte. Dieses Muster, das sonst immer zu beobachten ist, wurde durchbrochen, weil es für KünstlerInnen kaum mehr möglich war, diese technische Entwicklung mitzumachen. Der Kapitaleinsatz ist zu groß, die technischen Hürden sind zu hoch. Man wandte sich von dieser Technik ab, konzentrierte sich auf die etablierten Techniken der Druckgrafik.
Gleichzeitig ergaben sich durch den Kalten Krieg unterschiedliche Herangehensweisen an die Druckgrafik, die ja immer auch ein politisches Medium – sowohl affirmativ als auch oppositionell – war. Die Druckgrafik war in Osteuropa zum Teil affirmativ und dekorativ, aber die Einrichtung von Biennalen, Triennalen und Festivals schuf auch Gelegenheiten, Kontakt zu den KollegInnen im Westen zu halten, da Papier leicht zu verschicken ist und Druckgrafik-Ausstellungen sich daher billig organisieren lassen, und das erlaubte, gewisse Freiheiten zu schaffen. Das machte aber auch die Druckgrafik irgendwie suspekt und führte zu einer Art Nischendasein.
Die technische Entwicklung ging woanders weiter, das Zentrum des Diskurses zur Gegenwart der Kunst lag woanders und die Interessen der KünstlerInnen rückten aus dem Zentrum hinaus. Gleichzeitig leistete die technische Entwicklung auch dem Missbrauch Vorschub.

[4] Richard Noyce: *Printmaking at the Edge. 45 artists: 16 countries: a new perspective*. A & C Black, London 2006

[5] Richard Noyce: *Critical Mass: Printmaking Beyond the Edge*. A & C Black, London 2010

Es wurde möglich, mittels Offsettechnologie hochwertige Vervielfältigungen von künstlerischen Arbeiten herzustellen, die im Kunsthandel aus Profitinteresse oft unter falschen Bezeichnungen verkauft wurden. Das und hohe Auflagen führten zu einer gewissen Verunsicherung und zum Vertrauensverlust, sodass KünstlerInnen und Kunsthandel genaue Regeln etablierten, was als Druckgrafik gilt und was nicht, wie die Druckgrafik signiert und nummeriert, wie sie bezeichnet werden muss. Mit der Entwicklung des Digitaldrucks und der digitalen Medien änderte sich die Situation für die künstlerische Praxis schlagartig. Plötzlich gilt wieder die historische Erfahrung, dass neue Technologien für den künstlerischen Ausdruck adaptiert werden, wie das vor dem Bruch durch den Offsetdruck der Fall war. Das heißt aber auch, dass die die Druckgrafik unter diesen neuen Bedingungen getestet werden muss und da stellt sich die Frage, welche Limits, welche Grenzen und welche Regeln in dem Bereich überhaupt noch existieren.

Knofler: Ich sehe die historische Entwicklung ein bisschen anders. Die Druckgrafik hatte anfangs, ausgehend vom Handwerk, tatsächlich die Funktion, Informationen zu verbreiten. Das waren großteils religiöse Inhalte – Bibel, Reformation, Gegenreformation. Es handelte sich dabei meist um Illustrationen, später wurde es auch bei religiösen Darstellungen wichtig, Inhalte zu transportieren. Dürer schuf mit der *Apokalypse* erstmals einen Kanon für Inhalte, die es vorher visuell nie gegeben hatte und die heute noch gültig sind: Jeder sieht die *Apokalypse* mit den Augen Dürers. Auch die Druckgrafik des 15., 16., 17., 18. Jahrhunderts hatte immer eine immanent politische Funktion, etwa politische Flugschriften, im 18. Jahrhundert gab es z.B. Flugschriften, auf denen Maria Theresia entblößt auf einem Sofa sitzt, jeder zerrt an ihren Kleidern, den Verlust der Länder symbolisierend. Oder Jacques Callot mit „Les misères de la guerre" oder im 20. Jahrhundert Käthe Kollwitz.

Bezüglich der Technik: KünstlerInnen haben nicht nur eine Technik übernommen, wenn sie ausgereizt war, sondern sie haben an der Entwicklung der Technik gearbeitet. Manchmal wurden Techniken für nicht-künstlerische Zwecke kreiert, z.B. die Lithografie, die ursprünglich zur Verbreitung von Noten gedacht war, aber in Österreich schnell eingeführt wurde. Der Kaiser kaufte sofort eine Presse, um die Akten des Wiener Kongresses jeden Abend vervielfältigen zu lassen, erst später wurde diese Technik künstlerisch genützt.

Bezüglich Osteuropa: dieses Gebiet gehörte einmal zu meinem Aufgabenbereich, ich war viel im Osten, hauptsächlich Krakau (Kraków) und Laibach (Ljubljana). Die Druckgrafiker und Illustratoren flüchteten sich damals in die Illustration von Kinderbüchern, politische Aussagen wären zu gefährlich gewesen. Vielleicht ist es dadurch zu einer mehr illustrativen Sichtweise gekommen.

Das Problem des Offsetdrucks sehe ich genauso, speziell in Österreich, aber es gibt auch andere, deren Offsetdrucke als Originale verkauft wurden, etwa Dalí und Miró. Gerade bei den österreichischen „Phantastischen Realisten“ war es gängig, dass sehr große Auflagen verkauft wurden, teilweise bis hin zum Offset. Daher kämpfen wir immer noch mit dem schlechten Stellenwert der Druckgrafik, im Gegensatz zu anderen Ländern wie Frankreich, Spanien, teilweise auch Deutschland. Die traditionelle Druckgrafik ist für mich ziemlich am Ende, sie entspricht nicht mehr unserer Zeit. Diese Ausstellung behandelt auf beeindruckende Weise Themen wie den performativen Charakter, Zeit, Raum, zeigt Interesse für Wissenschaft, Transport von neuen Technologien, neuen Errungenschaften. Es muss eine radikale Wende geben, sonst hat die Druckgrafik, provokant gesagt, heutzutage keine Stelle mehr.

Russegger: Da ich kein Historiker sondern Medientheoretiker bin, möchte ich, ausgehend von der Ausstellung, das Thema auf einer abstrakteren Ebene analysieren Wir haben viel über Technologien und Materialität gehört. Materialismus sehe ich als einen ganz interessanten zeitgemäßen Faktor, weil Materialität in Bezug auf Medien immer eine Rolle spielt. Selbst bei digitalen Medien kann man sie und ihre Infrastruktur schlecht wegdenken. Wir haben jetzt einen gravierenden Medienwechsel hingelegt, der sich quer durch die Gesellschaften und die Kulturen des Sichtbaren beobachten lässt. Mediengeschichtlich gesehen ist es ein weiterer evolutionärer Schritt in der Entstehungsgeschichte des „kulturellen Sehens“, das auf einer massenmedialen Vorstufe die Publikation von Ideen, Bildern, Informationen gefördert hat, ohne das wir heute Medienevolution oder ein lexikalisches Wissen nicht einordnen könnten.
Es kann als *medialer turn* angesehen werden, dass man Information bewegen kann bzw. dass die Matrix, die die Information trägt, verortbar aber mobil ist. Diese Fülle von *turn*-Diskursen, die wir hauptsächlich im 20. Jahrhundert führten, hat schon um 6.000 v. Chr. begonnen, als wir anfingen, mit unserem Gehirn Medialitäten, also Illusionen, Abstraktionen und Kommunikation zu erzeugen, um diese in eine Form einzuschreiben, weiterzugeben bzw. abzuspeichern.
Alle Arbeiten der Ausstellung sind gut ausgesucht, da sie vier ganz unterschiedliche Themen anreißen: Jede der Arbeiten führt einen Perspektivwechsel in die Druckgrafik ein, was zeigt, dass sich die Druckgrafik in einer Krise befindet, von der ich nichts wusste. Ich werde versuchen, medientheoretisch zu analysieren, welche Perspektivwechsel intendiert sind.
Ich beginne mit „Random Reality“ von Simon Goritschnig, die mir schon vom Titel her gefällt. Auf Deutsch funktioniert er noch besser: *reality* hat so etwas Echtes, im Deutschen würde man *Wirklichkeit*

sagen, das ist individueller im kognitiven Sinn. In Systemen einen Paradigmenwechsel zu erzeugen oder einen neuen Blick auf Dinge zu machen, ist eine Grundfunktion künstlerischen Darstellens. Der *randomizer* zeigt, dass selbst in der Druckgrafik so etwas wie Innovation möglich ist, auch wenn es in einem stark eingegrenzten Raum geschieht. Ich denke aber, dass das per se nicht möglich ist, dass dort nichts mehr passiert.
Die Arbeit von Renata Darabant setzt sich mit dem materiellen Aspekt sehr schön auseinander. Wie in der Beschreibung steht, wird einerseits unterschieden zwischen lebender und toter Materie, andererseits zwischen der dunklen Materie und einer Materienart, die nicht genau definiert ist, für die ich nun ad hoc einen Begriff erfinde: *die künstliche Naturmaterie*. Dieser Teil der Arbeit war nicht verbal gekennzeichnet, sondern versuchte, die belebte mit der unbelebten Materie zu verbinden. Das sehe ich wieder als Perspektivwechsel: eine Art von Materie zu erfinden, zu benennen, um dann den materiellen Diskurs weiterzuführen. Ob das alles in dieser Arbeit intendiert ist, kann ich nicht beantworten. Auf jeden Fall war es ein assoziativer Marker, um zu sagen: Hier wird das Thema Materie, Materialität und Materialität im Druck oder im Medium angesprochen.
Die Arbeit von Dobroslav Houbenov thematisiert offensichtlich den medialen Machtdiskurs, den wir unter dem Sinnbild des Terrorismus oder der Massenmedien repräsentiert sehen. Der Scan ist eine Art Komprimierung, hat auch Archivierungsfunktion. Einbezogen ist, wie wir mit der Geschichtlichkeit von Macht umgehen, wie wir sie erneut in Gefäßen abordnen oder absortieren lassen und welche Funktion – das wäre die geschichtliche Komponente – eine Beobachtungskultur, die es ermöglicht, Archive anzulegen, im Zusammenhang von Druckgrafik hat. Ich denke, dass Papier immer noch ein gutes Trägermedium für Informationen ist. Kommt z.B. eine Kompaktdiskette o.ä. einem Magneten zu nahe, ist sie zerstört.
Die Arbeit von Julia Cristofolini setzt sich mit Serialität, also der untypischen künstlerischen Haltung des Wiederholens und den dabei entstehenden Differenzen auseinander. Das besonders, weil dieser Prozess ja in der Druckgrafik und in den digitalen Medien gang und gäbe ist. Man spricht heute von Authentizität, der Originalitätsbegriff ist nicht nur in der Kunst, sondern auch in den Medien spätestens mit der binären Vervielfältigung gefallen. Originalität ist nur dann interessant, wenn es einen Markt gibt. Wenn ich *surplus* oder *value* in Bezug auf den Kunstmarkt generieren will, muss ich sagen: Dieses Ding gibt es nur einmal oder achtmal. Daran sehen wir, dass es etwas achtmal geben darf, damit es noch als Original betitelbar und signierbar ist. Da wir kein Handwerk oder Werkzeug mehr dafür haben, erfinden wir eine Systematik, um noch von Original zu sprechen. Deshalb bevorzuge ich in diesem Zusammenhang den Begriff Authentizität.

Weiter diskutieren möchte ich aber die medienevolutionäre Entwicklung dessen, was man bei einem Perspektiv- oder Medienwechsel unter den vier assoziativen Markern Programm, Norm, Standard und Code versteht, und wie das von der Druckgrafik bis zu heutigen *open source*-Systemen von Computersystemen oder binären Medien zu beobachten ist.

Knofler: Dieser Punkt der Authentizität ist für mich sehr interessant. Es gab in den 1960er Jahren innerhalb der Biennalen, hauptsächlich in Laibach, Richtlinien für Druckgrafik. Eine davon: Eine Originalgrafik muss von der Künstlerin, vom Künstler gemacht, sollte von ihr/ihm gedruckt sein und es muss eine Auflage geben. Das sind die drei Punkte, die heute nicht mehr funktionieren oder gar nicht funktionieren sollen. Den KünstlerInnen ist es egal, es dreht sich nicht um die Auflage, es dreht sich um die Arbeit, um Inhalt und Aussage. Letzte Woche bei dem Jahrestreffen der DirektorInnen grafischer Sammlungen aus Deutschland, Österreich und der Schweiz stellte der Direktor des *Cabinet d'art grafiques* in Genf, Christian Rümelin in seinem Vortrag die Frage gestellt: Was mache ich mit Monotypien, Drucken mit einer Auflage von einem Stück? Wie inventarisieren wir das? Ich persönlich sehe darin kein Problem, diesen Druck unter Druckgrafik oder aber als Zeichnung zu inventarisieren. Doch für viele SammlerInnen und KollegInnen ist das ein Thema und ein Riesenproblem. Darum ist das ein wichtiger Punkt und auch so ein *turn* weg von der Auflage. Es ist auch nicht mehr die Frage, ob die/der KünstlerIn – früher sagte man *invenit* – und der Drucker – *sculpsit* – oder beide angeführt werden. Bei digitalen Arbeiten werden handelsübliche Drucker verwendet, die den Druck ausspucken.

Schneider: Zum Stichwort „Krise“: In der Druckgrafik haben wir eine sehr lange Krise hinter uns, wie es uns in der Wirtschaft wahrscheinlich erst blüht. Dabei hat sich gezeigt, dass gewisse Strukturen sehr überlebensfähig sind. Ich fürchte, es wird auch im Finanzmarkt so sein. Die Strukturen haben dazu geführt, dass Regelwerke zu dem Zeitpunkt eingeführt wurden, an dem die Vervielfältigungsmöglichkeiten ein Ausmaß erreicht hatten, das den Originalcharakter plötzlich in Frage stellte. Da haben die Regeln gegriffen im Versuch, *commodities* zu schaffen, um einen Markt am Leben zu erhalten, der mit der tatsächlichen Entwicklung nichts zu tun hatte. Das ist als Antwort passiert auf eine technische Entwicklung, auch auf eine gesellschaftliche Entwicklung – und da beginnt die Krise eigentlich. Das ist einer von vielen *turns*, und die Druckgrafik leidet darunter am stärksten, weil sie als direkte künstlerische Beschäftigung mit Medien eben diese technische Komponente mitbringt.

Knofler: Heutzutage haben KünstlerInnen, die Druckgrafik machen und zu einer Galerie gehen, keine großen Chancen.

Russegger: Heutzutage haben KünstlerInnen, die zu einer Galerie gehen, sowieso keine guten Chancen. Meistens kommt die Galerie zu den KünstlerInnen. Ich sehe jedoch in dieser Krise auch eine Chance. Beim Übergang Malerei – Fotografie in der ersten Hälfte des 20. Jahrhunderts kamen gerade, weil neue Techniken aufgetreten sind, die etablierten Darstellungskulturen unter Druck. Es entwickelte sich über lange Zeit ein schönes Normenrepertoire, das funktionierte – und plötzlich brechen durch eine Neuerung eine oder mehrere der Komponenten weg. Was jetzt? Alles muss sich durch diese Techniken und die damit einhergehenden Massenanwendungen total verlagern. Ich sehe das als einen Besinnungsmechanismus für künstlerisch Schaffende und die damit verbundenen Kulturen. Vielleicht blüht gerade das der digitalen Kultur mit dem Rückenwind der neueren, schnelleren, besseren Technologien ebenfalls. Irgendwann ist es vielleicht obsolet, „Computer" zu sagen, vielleicht ist dann alles ein Computer, es ist nicht mehr notwendig, über Computer oder die Digitalität an sich zu sprechen. Was passiert, wenn plötzlich die technische Grundlage dafür, wie man sich definiert, wegbricht? Es ist immer ein sehr materialistischer Diskurs, wenn wir von Produktion, Kunstwerken, Medien oder Techniken sprechen.

Schneider: Zu Medien und Techniken bringe ich ein Beispiel: Bei einem kürzlichen Besuch im Münchner Brandhorst-Museum stellte ich fest, dass bei einigen Arbeiten Andy Warhols in der Werkbeschreibung „Siebdruckfarbe auf Leinwand" steht. Das war den KuratorInnen und VermittlerInnen lieber als „Siebdruck", was die korrekte Beschriftung wäre. Die Frage, warum das dort so stand, beschäftigt mich seitdem. Fürchtet man sich, bei der Präsentation hochwertiger Arbeiten auf das *Multiple* einzugehen und zu sagen, es gibt davon mehrere? Will man zeigen: „DAS ist ein Original" und das überhaupt nicht zur Diskussion stellen? Oder ist es abwertend, von Druck zu reden, weil Druckgrafik nicht so einen hohen Stellenwert hat? Oder ist es einfach egal? Denn vielleicht ist die Beschäftigung mit DER Frage nicht so wichtig wie die andere, was ich überhaupt mit dem Einsatz dieser Mittel erreichen will und welche Möglichkeiten mir nun frei stehen. Als Druckgrafiker, der gelernt hat, dass man verstehen muss, wie etwas zu bezeichnen und zu beschreiben und was für eine Technik das ist, fällt mir das auf, weil es plötzlich keine Grenzen in diesem Bereich mehr gibt, Regeln haben keine wirkliche Bedeutung mehr, lösen sich auf.

Russegger: Ich glaube nicht an Auflösung sondern an Transformation. Dinge wandeln sich im Auge des Betrachters beim Übergang von einem Sinnsystem in ein anderes und das weist darauf hin, dass man mit der materialen Beschreibung „Siebdruck“ beim Leser nicht mehr mit der gewünschten Reaktion rechnen kann, deswegen muss man es anders, vielleicht mehr künstlerisch, kontemporärer beschreiben. Bei einem Überangebot von Druck- und Vervielfältigungsverfahren künstlerischer Ausdrucksformen ist es einfacher, sich über ein Medium hinwegzusetzen und zu sagen, dass es nur Mittel zum Zweck ist.

Schneider: Ich sehe die Druckgrafik nicht nur in einer Krise, sondern auch in ihrer wahrscheinlich wichtigsten Aufbruchsphase. Früher war es viel schwieriger zu erklären, was wichtig und bedeutsam an einem Druck ist und mit welchen Fragen man sich beim Drucken beschäftigt. Heute, da fast jeder einen Inkjet- oder Laser-Drucker hat und weiß, was alles man ausdrucken kann, begegnet fast jedem das Problem, dass die Farben nicht stimmen, das Papier nicht passt. Was passiert mit meinem Bild? Es ändert sich beim Ausdruck, Transformationsprozesse sind plötzlich sichtbar, die vorher niemanden beschäftigt haben. Es gibt Erfahrungen, die mit diesem Medium auftauchen und einen Anknüpfungspunkt bieten. Plötzlich hat man ein Forum, mit dem man diese Probleme teilt und wo die Fragestellungen auch wahrgenommen werden. Dieses Verständnis und diesen Zugang gab es zuvor nicht. So gesehen ist es ein günstiger Moment, um als KünstlerIn, die/der sich mit diesen Fragen beschäftigt, auf Widerhall zu stoßen und AnsprechpartnerInnen zu finden.

Knofler: Das Problem hier in Österreich ist, wie gesagt, der schlechte Ruf aus den 1950/60/70er Jahren. Diese Problematik gibt es in anderen Ländern großteils nicht, weil Druckgrafik dort einen ganz anderen Stellenwert hat. Natürlich ist es verführerisch, immer über die Technik zu sprechen. Da gibt und gab es viele Experimente, das waren auch früher nicht reine Verfahren, aber das Wichtige waren die Inhalte. So wurde das Wissen über Kunstwerke früher durch Radierungen, dann durch die Lithografie, später durch Fotografie übermittelt. Im Kupferstichkabinett haben wir Kassetten über Kassetten mit Bildern aus Galerien und Museen in den drei Techniken. Das wurde nicht aus künstlerischen Überlegungen gemacht, das war reiner Informationstransfer. Der Inhalt war das Wichtige, nicht die Technik.

Russegger: Da gebe ich Ihnen vollkommen Recht, sonst wäre da nur der fortlaufende Medienwechsel. Gemäß Mediengesetz verschwinden Dinge nicht, sondern sie schrumpfen gesund. Auch die technischen Aspekte müssen aufbereitet werden und nachvollziehbar sein, aber der Technikbereich muss gesund schrumpfen, weil er in der Informations- und Kommunikationsgesellschaft keinen übergeordneten Stellenwert mehr hat. Die Blütezeit der Technik ist gewesen. Es geht um Inhalte, um die KünstlerInnen, die sich mit dem Medium als künstlerische Ausdrucksform auseinandersetzen. Wenn man etwas auf eine rein technische Diskussion marginalisiert, bleibt dafür ganz wenig Platz. Es werden sich wahrscheinlich auch nicht rein technologisch geschulte Experten durchsetzen, wenn sie nicht auch adäquate Informationen von Kontexten und Abstraktionsformen unterrichten. So gesehen ist selbst die Medienkunst in der Krise, denn wie unterscheidet sie sich von der zeitgenössischen Kunst außer durch ihre Medialität und Technologie? Das funktioniert nicht mehr, weil jeder einen Computer in der Tasche hat und weil jeder glaubt, wenn er *Facebook* versteht, versteht er die Computerwelt. Insofern muss jeder sich irgendwann damit auseinanderzusetzen. Der Inhalt ist bildende Kunst! Dass ich dafür einen Computer, Druckgrafik oder was auch immer verwende, sollte sekundär sein bzw. muss zum Medium passen.

Schneider: Wir reden über ein technikgeplagtes Feld. Wenn man die Möglichkeiten als KünstlerIn beherrschen will, muss man ein gewisses Maß an technischer Erfahrung mitbringen. Es gibt aber jetzt Möglichkeiten, darum herumzukommen und den Prozess zu beschleunigen. In den USA hat sich das insofern anders entwickelt, als man dort kollaborieren konnte. Drucker haben sich darauf spezialisiert, mit den KünstlerInnen kooperierend Werke zu schaffen, wobei die/der KünstlerIn nicht unbedingt Experte im Druck oder Technikverständnis sein muss. Erfahrung holten sich KünstlerInnen durch Partner. Genauso kann man heute als KünstlerIn AutorIn sein und trotzdem ExpertInnen in einem anderen Bereich dazu bringen, bei der Realisierung zu helfen – niemand wird das in Frage stellen. Dieses prozessorientierte Arbeiten funktioniert aber nicht, wenn man technisch auf etwas Neues draufkommen will, das braucht die direkte praktische Erfahrung, die nicht zugänglich ist, wenn jemand anderer den Prozess durchführt. Jede/r muss für sich entscheiden, wie wichtig das für die eigene Arbeit ist.
Wie wichtig das ist, zeigt der Hinweis von Frau Dr. Knofler auf die Sammlungsgeschichte: Die analoge Druckgrafik, die ein langsameres Medium als die digitale Technik ist, hat Bilder wandern lassen, räumlich und in das kollektive Gedächtnis, wo sie nach und nach transformiert wurden. Sie wurden wiederholt – heute würde man sagen: kopiert. Die Entwicklung, das *Copyright* zu einer Geldquelle zu machen, hat ja dazu geführt, dass dieser Vorgang in der medialen Kunst, also in der Druckgrafik, unterbunden wird. Man hat Bilder nicht mehr frei verfügbar, um an ihnen weiterzuarbeiten, sie weiterzuentwickeln. In einem Medium zu arbeiten, das multipliziert und publiziert, und mich dabei auf schon existierende Inhalte oder Bildformulierungen zu beziehen, bringt mich heute in Teufels Küche. Die Gefahr besteht nicht mehr darin, wegen irgendwelcher anstößiger Dinge mit dem Gesetz in Konflikt zu kommen, sondern wegen des Copyrights.

Der Ansatz der Druckgrafik entspricht da eher dem analogen Medium. Wir haben das in der Software-Entwicklung als *open source* oder bei *creative commons* und alternativen Modellen der Copyright-Gestaltung. Vielleicht wäre es an der Zeit, diese Brücke zu schlagen und zu sagen: Wenn Regeln, dann wollen wir diese in Zukunft so fassen, dass wir mit unserem Verständnis von der medialen Arbeit, die wir leisten und leisten wollen und die uns wichtig ist, Regeln haben, die uns nicht einschränken und keine *limits* erzeugen.

Knofler: KünstlerInnen schaffen ja nicht im total luftleeren Raum, er möchte seine Arbeiten ja auch verkaufen. Er möchte davon einen *return* haben. Dürer z.B. hat seine Druckgrafik nicht nur, aber großteils gemacht, um zu verdienen. Er hat Agenten und auch seine Frau in ganz Europa herumgeschickt, um seine Druckgrafik zu verkaufen. Dabei kam einfach schneller Geld herein als bei einem großen Auftrag. Das hat Dürer zudem die Freiheit zu eigenen Inhalten gegeben, die er transportieren konnte, wie z.B. die *Apokalypse*. Uns mag es überraschen, aber damals gab es noch keine bildliche Darstellung der Apokalypse. Das gilt auch in politisch prekären Situationen, wo mit Hilfe der Druckgrafik sensible Inhalte transportiert werden. Heute geht das natürlich einfacher via *Facebook* und *Twitter*.

Russegger: Das Business-Modell für digitale Arbeiten ist sicherlich sehr offen im Gegensatz zu den klassischen und normalen Business-Modellen mit den standardisierten Materialien, wo klar ist, wem was wann für welches Produkt gezahlt wird. Interessant ist der zuletzt angesprochene kooperative Aspekt, in dem wir sicher weitaus risikobereiter experimentieren müssen. Deswegen ist vielleicht die Kunst der Ort, sich von diesen Alleinstellungsmerkmalen zu lösen und abzurücken von der Position, dass man als KünstlerIn nur funktionieren kann, wenn man eine individuelle Marke schafft. Klar ist, dass der Kunstmarkt nach wie vor bestens funktioniert. Aber: Wenn die Krise einmal ordentlich kommt, dann gibt es auch keinen Kunstmarkt mehr. Bei den *open source*-Kulturen – in Japan ist ein Beispiel dafür *device art*, die sich untereinander kooperativ ergänzen, mit verschiedenen Initiativen und verschiedenen Wissensständen (was nicht ausschließt, dass alle Komponenten des Projekts beherrscht bzw. verstanden werden), käme es zu einer transdisziplinären Vermischung. Verwenden wir das Beispiel eines Mediums, so wie es gedacht ist. Ich denke an ein banales aus der Pop-Kultur wie das Bedrucken von T-Shirts. Das ist auch eine Art Druckgrafik und funktioniert noch immer sehr gut, weil es für gewisse *messages* keine breite Abnehmerschaft gibt. Somit wird das T-Shirt immer mehr zu einer Art Individualisierungsmedium, das in einer Siebdruckwerkstatt *on demand* hergestellt werden kann. Das Medium passt sich an die Leute an, welche diese *message* tatsächlich tragen wollen. Auch die Druckgrafik wird einen *iconoclash* durchmachen, also die eigenen Götter an den Pranger stellen müssen, um diese Erneuerung oder Läuterung durchleben zu können, die nach dem, was ich in letzter Zeit an Kritischem zur Druckgrafik gehört habe, notwendig ist. Jede medienschaffende *community* muss sich irgendwann überlegen, wie sie ihren eigenen *iconoclash* durchführen und ihn dann konstruktiv anwenden kann, um Neues zu schaffen.

Schneider: Ein gutes Stichwort. Aber wie könnte so etwas gehen, da wir keine Ikonen haben? Die Bezugnahme auf Dürer ist natürlich möglich, aber es interessiert niemanden, wenn man Dürer demontiert. Wir bräuchten aktuellere Ikonen, doch diese sind dünn gesät, weil die Druckgrafik durch das Nischendasein in den zumindest letzten 50 Jahren die Billigschiene für berühmte KünstlerInnen geworden ist. Es gibt Druckgrafik von Kunstgrößen, von *blue chips*, die dann günstigere Varianten ihrer Kunst auf den Markt werfen, dazu mit Spezialisten arbeiten, die hochqualitative Druckgrafik erzeugen, die diesem Regelwerk entspricht, das ja aufgesetzt worden ist, um handelbares Gut zu erzeugen. Die kann man nicht verwenden, um sich an ihnen zu reiben, weil deren Intention, Druckgrafik zu produzieren, eine ganz andere ist. Sie setzen sich nicht so mit dem Medium auseinander, dass man Standpunkte erkennen kann, an denen man sich revolutionär reiben kann, um Neues zu schaffen. Die KünstlerInnen, die Neues gemacht haben, sind ja dem Zentrum des Diskurses niemals so nahe gewesen, dass man plötzlich von Ikonen sprechen könnte. Es fehlt der Widerpart, darum ist es wahrscheinlich notwendig, eine andere Strategie zu finden, um zu einem ähnlichen Ergebnis zu kommen.

Russegger: Das wäre zumindest ein Forschungsfeld: Wer sind die Ikonen der Druckgrafik? Wenn die Krise seit den 1960er Jahren besteht, dann gab es wahrscheinlich einige ordentliche Ausfahrer, ich denke jetzt an die Pop-Art mit ihrem konzeptuellen Sicherheitsabstand zur Druckgrafik, die sagte: Es ist ja nur ein Medium, unsere *message* ist eine andere. Aber auch die Pop-Art ist ja nicht mehr *cutting edge*, die wurde ja auch schon mittlerweile subsumiert. Vielleicht gibt es auch adäquate Beispiele. Mir fällt Yuko Mori ein, die ich eine Druckgrafikkünstlerin nennen würde, obwohl sie Medienkünstlerin ist. Yuko Mori kocht auf Scannern, das Ganze wird gleichzeitig gescannt, gedruckt und hat eine sensorische Kopplung im Raum, ist somit eine Art zirkulare Prozessinstallation.
Man müsste wie in der Ausstellung „Druck am Limit“ verschiedenste Perspektiven zeigen und vielleicht dazu in diesem Kontext klassischere Fragestellungen sichtbar machen. Wahrscheinlich kennen die meisten Leute das Problem gar nicht in einem detaillierteren Zusammenhang.

Schneider: So gesehen ist diese Veranstaltung auch Teil eines Versuchs, Problembewusstsein zu schaffen, die Felder genauer zu definieren und festzustellen, worüber wir uns in Zukunft unterhalten sollten, wenn wir diesen Raum ausdehnen und besser verstehen wollen; auch um zu entdecken, ob es irgendwo ein dem Medium immanentes Regelwerk gibt, das es braucht, weil es sonst nicht funktioniert; oder sind bestimmte Regeln nur ein traditioneller Habitus, dem man sich anschließt? Oder ist es gar nicht notwendig, sie zu hinterfragen, umzustoßen und neu zu definieren?

Knofler: Ich sehe das jetzt klarer. Einerseits gibt es das Problem der Auflagen, die auch heute noch gemacht werden (Auch Jonathan Meese hat jetzt Druckgrafik gemacht), daneben der ganz andere Ansatz mit politischen oder sozialkritischen Inhalten. Dann gibt es DruckgrafikerInnen, die nur ein Stück drucken, das aber keine Monotypie ist sondern ein eigenständiges Kunstwerk. Wir müssen uns davon verabschieden, das als Problem zu sehen: Es gibt eben den Auflagendruck, der eigentlich eine kommerzielle Angelegenheit ist, genauso die künstlerische Druckgrafik als Unikat. Dann stellt sich nicht mehr die Frage, ob es Druckgrafik oder eine andere Technik ist, es ist einfach eine künstlerische Arbeit.

Russegger: Das sieht man auch in der hier besprochenen Ausstellung. Das wird zu einem Gesamtkontext bzw. Gesamtdispositiv künstlerischer Arbeit. In welcher Form das Thema ‚Druckgrafik' thematisiert wird, ist dann sekundär, da zuerst *the body of work* zu sehen und zu analysieren ist. Dann kann alles mögliche in diesem Zusammenhang passieren. Nur wenn man Auflage und Technologie in den Vordergrund stellt, wird wahrscheinlich genau dieser Diskurs Oberhand haben, dann geht es eher um die Befähigung der einzelnen Protagonisten in der Druckgrafik. Das schließt jetzt wieder den Bogen: Es geht um Inhalte, um Kontexte, um Reflexionen, die aus dem Feld der Technologie kommen können, aber nicht kommen müssen. Es geht darum, dass der Fokus, der Handlungsrahmen ausgedehnt und nicht ausschließlich auf das technologische Moment gesetzt wird.

Knofler: Das ist auch das Problem der KuratorInnen oder Museumsleute, die selten mischen. In deren Köpfen muss ebenfalls der angesprochene *turn* stattfinden, dass es sich um die Arbeit dreht aber nicht um die Technik. Druckgrafik und Zeichnung werden bei Ausstellungen oft in einem eigenen Raum gezeigt – manchmal geschieht das aus konservatorischen Gründen wegen des Lichts. Wenn dieses Denken einmal weg ist, wenn die künstlerische Druckgrafik, wie sie heute gemacht wird, als autonomes Kunstwerk anerkannt ist und die gleiche

Qualität hat wie ein Gemälde, eine Installation, eine Skulptur, dann ist die Frage eine ganz andere. Dann ist es nicht mehr ein Problem der Auflage, dann kann man dafür den gleichen Preis wie für ein Gemälde, eine Skulptur verlangen.

Schneider: Ich danke Monika Knofler und Georg Russegger für das Gespräch.

Print at its Limits – Print Unlimited?

Two events, on topic

Monika Knofler, Georg Russegger, Michael Schneider

The exhibition "Druck am Limit" (Print at its Limits), at the Kro Art Contemporary Gallery[1] featured four young artists from the class for graphic and printmaking under Prof. Sigbert Schenk at the Vienna University for Applied Arts, who work along the limits of printmaking as traditionally defined. The printed paper no longer suffices for art created to be published. Printing becomes three-dimensional, by turning into an object or a moving image, and then becomes "paperless printmaking." The works of Julia Cristofolini, Renata Darabant, Simon Goritschnig, and Dobroslav Houbenov are exemplary for pushing the limits of printmaking by a new generation of artists.

The discussion of "Print Unlimited?"[2] focuses on the theories and concepts of the students. The edition, signed and limited, gradually loses its role as a criterion for printmaking, therefore the artistic practice acquires a different orientation. Printmaking is the origin of media art and a major part of its future. How this may be possible, will be discussed by Dr. Monika Knofler (art historian, Director of the Graphics collection of the Academy of Fine Arts Vienna), Dr. Georg Russegger (communication scientist, curator, artist) and Mag. Michael Schneider (curator, printmaker), in response to the question: "Is today's printmaking unlimited?"

The following article is the slightly condensed transcript of the discussion of November 17, 2010.

[1] Galerie Kro Art Contemporary, Getreidemarkt 15, 1060 Vienna, in co-operation with the class for graphic and printmaking under Prof. Sigbert Schenk at the Vienna University for Applied Arts Nov. 17, 2010 – Jan. 16, 2011 (www.kroart.at/austellung/druck-am-limit)

[2] Kunsthalle Wien/Videolounge, Museumsplatz 1, 1070 Vienna/ Nov. 17, 2010, 6 p.m.

Schneider: The discussion "Print Unlimited?" (*with* question mark!) refers to the exhibition "Druck am Limit" (Print at its Limits). Which brings together positions within printmaking that do not meet traditional expectations. These positions are at the edge of printmaking, possibly marking its limits, but potentially offering new starting points for working with or engaging in printmaking.

Of the four artists, *Julia Cristofolini* positions herself technically and aesthetically closest to what we expect printmaking to be. However, it soon becomes clear that her use of traditional material and technique served an end that places her work at the limit of printmaking. Cristofolini works on, and prints from, a copperplate but does not print an edition, only state proofs. The purpose of these state proofs is not to get a proof of an intermediate step in creation of the plate; instead they become part of a process that documents every step of the development of the plate during the entire creative process. These prints capture every single line engraved into the plate. A plate, which changes line by line from white to black and once complete black, develops back to white when line by line is it burnished with the polishing steel. The single prints when displayed in a row not only resemble a film strip, Cristofolini has actually turned them into an animated film. Printmaking is being turned into a time-based medium. It not only visualized the time that went into working on the various states of the plate and the time that went into printing every single state, but also introduced into the work a different concept of time in form of an additional dimension.

Equally important as Cristofolini work is, is the question of materiality in the work of *Renata Darabant*. Printmaking is realized three dimensionally with glass and two dimensionally on plastic but the work only shows light that in turn makes us see matter. Darabant based her work on four different aspects of matter as a foundation for the visualizations that were lasered into glass cubes as three-dimensional representations. Represented is organic and inorganic matter as well as matter that has been discovered by means of the human mind and matter that has been formed by the human mind. An egg-shape represents organic matter, a three-sided pyramid inorganic matter. Matter discovered by humans is shown through a form that was calculated as the most likely form that *dark matter* has taken on in the known universe and matter that has been shaped by the human mind is symbolized by the form of a *Gömböc*.[3] All these shapes are formed through a collection of dots that are only visible because they have a different index of refraction than the unlasered part of the glass cubes and not because the form itself has any material existence. Even though the shapes can be printed over and over, the images consist only from light and by that make the discrepancy between effigy and object, existence and

[3] A *Gömböc* (pronounced ['gømbøts], simplified to *Gomboc*) is a convex three-dimensional homogeneous body which, when resting on a flat surface, has just one stable and one unstable point of equilibrium. Its existence was conjectured by Russian mathematician Vladimir Arnold in 1995 and proven in 2006 by Hungarian scientists Gábor Domokos and Péter Várkonyi. The Gömböc shape has countless varieties. The most famous solution has a sharpened top and resembles a rounded biface. Similar to a tumbler toy, it is its unique shape that helps the Gömböc always return to equilibrium position after being placed upside down. (Source: Wikipedia)

representation visible by the display of light. The examination of our perception is intensified by digital prints of macro photographs of the printed objects. The light that is captured through the lens, directed onto optical sensors and calculated to become visible, create an image very different to the one experienced by our own senses. The printed and published image becomes a reality through matter.

The difficulty of capturing the transition from virtual to real and the interdependency of impression and printout is the topic of *Simon Goritsching*'s work. His assemblage, "Random Reality," deals with forms of printmaking and the tools that are being used in their realizations. Goritschnig's work is a digital print that is not created through a static matrix but defined by a dynamic algorithm. Using *processing*, he programmed software to utilize a random generator to produce an image constructed out of a *font* designed especially for this work. The images only exist out of light emitted by a screen. We know about their existence only when we look at the screen – paperless printmaking. With each new calculation the former disappears leaving no trace. Only a second random generator, which is defined when a printer captures and prints on paper the image displayed on the screen, materializes the work creating images that are real. The random printout is document and documented process alike. By the use of letters and syntactic elements derived from language, an additional level of meaning is created, which documents its own dissolution through its permanent creation.

The approach that *Dobroslav Houbenov* chose for his work can also be seen as documentary. Considering the political relevance of printmaking within the interplay of media today shows that printmaking has moved from distributing political content to its analysis. Houbenov is looking into today's media-reality by studying videoclips that promote messages of terror on the internet. The most watched video-clips from *YouTube* are compressed into digital prints. The ability to compress messages and show their essence is part of the political function of printmaking. In Houbenov's work, the video clips are scanned and the time-based expression is turned into an image. This process of transformation creates images that, separated from their narrative origin, tell about the mechanics of the medium and our perception. The scanned videos abstract without making the subject unrecognizable and by that reveal the invisible structures of the medium. The prints allow a change of perspectives for the observation of our media reality and the discussion of the limits of printmaking.

Four years ago, Richard Noyce's "Printmaking at the Edge"[4] was published. In it he defines the international positions of printmaking that constitute some terminal point of the present development. In

[4] Richard Noyce: *Printmaking at the Edge. 45 artists: 16 countries: a new perspective*. A & C Black, London 2006

2010 Noyce published, "Critical Mass,"[5] which deals with positions that have moved one step ahead, the question being: "Can this still be called printmaking? Is it still printmaking, or does printmaking develop into an entirely different direction?"

The development of printmaking is that of a medial art. Printmaking occurs where the technical possibilities to publish connect with an artistic intention; where an artistic desire is the impetus to utilize technology for publication and to present the general public with a work of art. I detect a recurrent pattern of artistic practice: the attempt to utilize the optimal technology in order to optimally broadcast these ideas. This is demonstrated by the development from woodcut to relief print to surface printing. Whenever a technology becomes available for artists, they try to utilize it for their purposes, to improve their work, to make distribution faster and easier.

This development continued until the invention of offset printing caused a disruption. The customary pattern was disturbed as artists could hardly join in this technical development. Initial investments were too high, technical barriers too great. This technology was abandoned, artists concentrated on the well-established printing technologies.

At the same time, the Cold War resulted in different approaches to printmaking, which has always been a political medium – affirmative as well as oppositional. Printmaking in Eastern Europe was partly affirmative and ornamental, but biennials, triennials and art festivals presented the opportunity to keep connected to fellow artists from the West. Paper is easy to ship, printmaking exhibitions are easy to organize and allow for a certain personal freedom. This, however, made printmaking somehow suspect and resulted in a sort of atmospheric obscurity.

Technical development took place elsewhere, the center of discussion on today's art was elsewhere, and artists' interests moved out of focus. At the same time, technical developments encouraged misuse of all sorts. Offset technology facilitated high-quality reproductions of works of art that were sold in the art trade under deceptive denotations for mere profit interests. This, along with large editions, led to insecurity and a loss of trust, so that artists and dealers established strict rules as to what was to be considered printmaking and what was not, how prints had to be signed, numbered, and identified.

The development of digital print and digital media changed the situation for the artistic practice at once. Suddenly, the historical experience became valid again, that new technologies were to be adapted for the artistic expression, as was the case before the disruption caused by offset print. But this also meant that printmaking was tested under these new conditions and the question arose: which limits, boundaries and rules are still valid in this area?

[5] Richard Noyce: *Critical Mass: Printmaking Beyond the Edge*. A & C Black, London 2010

Knofler: My view of the historical development is somehow different. Initially, printmaking as a craft indeed had the function to distribute information. The topics were mainly religious – the bible, Reformation, Counter-Reformation. Most of them were illustrations, later on, subject matters became important, also with religious issues. With his *Apocalypse*, Dürer created a canon for contents that had never before been visualized. Everybody sees the Apocalypse with Dürer's eyes. Printmaking from the fifteen through eighteenth centuries also had an immanent political function. An example would be the political pamphlets of the eighteenth century, which depicted Empress Maria Theresia seated on a sofa nude, with everybody pulling on her clothes, symbolizing the loss of her territories. Or Jacques Callot with his "Les misères de la guerre," or, in the twentieth century, Käthe Kollwitz.
Regarding the techniques: Artists have not only adopted techniques after they had become obsolete for commercial use, but they have well worked upon their development; sometimes, methods were developed for other than artistic purposes – the lithography, for example, was initially intended for the distribution of sheets of music, but was soon introduced in Austria. The Emperor immediately had a printing press bought so that the records of The Wiener Kongress could be duplicated every night. Only at a later date was this method used for artistic purposes.
Regarding Eastern Europe: It was part of my field of activity and I spent a lot of time in the East, mainly at Kraków and Ljubljana. Printers and illustrators took refuge by illustrating children's books because political statements would have been too dangerous. Maybe this has resulted in a more illustrative point of view.
I agree, the offset print headache is a concern, especially in Austria, but there are also others whose offset prints were sold as originals, like Dáli and Miró. Especially with the Austrian "phantastic realists," it was customary to sell large editions, partly going as far as the offset. Thus we still struggle with the poor reputation of printmaking in Austria, when compared to other countries like France, Spain, and, to a certain extent, Germany.
To my mind, traditional printmaking is on the ropes, it is hasn't kept pace with our time. This exhibition deals very impressively with topics such as the performative character, time, space, and takes an interest in science, promotion of new technologies, new achievements. It is crucial that some radical changes are made, otherwise, provocatively speaking, printmaking has no place in today's world.

Russegger: As I am not an historian, but a media theorist, I would like to analyze the topic, starting from the exhibition, at a more abstract level. We have heard a lot about technologies and materiality. I consider materialism a rather interesting factor of our time, because materiality always has its role with media. Even digital media is hard to imagine without materialism and its infrastructure. Recently, the media have undergone serious changes, which can be observed across the societies and the cultures of the *visible*. From the viewpoint of media history, this is another evolutionary step in the history of development of "cultural view," which at a mass-medial preliminary stage fostered the publication of ideas, images, information, and without which we would today be unable to classify media evolution or encyclopedic knowledge.

It may be considered a *medial turn*, that information is moveable, respectively, the matrix carrying the information is steadfast but moveable. The *turn*-discussions, especially those in the twentieth century, started at 6000 BCE, when we began to produce medialities with our brain, (i.e., illusions, abstractions and communication, that we shape, pass on, and store.)

The objects of the exhibition were well chosen, as they touch four entirely different themes. Each work initiates a change in perspective in printed graphic art indicating that it finds itself in a crisis, which I was unaware. I will try, from a media-theoretical point of view, to analyze which changes of perspective are intended.

I start with "Random Reality" by Simon Goritschnig. I like the title which works even better in German: *reality* sounds genuine, and in German you would say "Wirklichkeit," which is more individual in a cognitive sense. It is a basic function of artistic presentation to produce a change of paradigms within systems or cast a new view upon things. The *randomizer* demonstrates that even in printmaking such a thing as innovation is possible, even if taking only place within a limited space. However, I believe it is per se impossible that nothing would happen there anymore.

The work of Renata Darabant deals with the material aspect in a pleasant way. As described, on the one hand a distinction is made between living and dead matter, on the other hand between dark matter and a sort of matter that is not clearly defined but for which I invent an ad hoc-name: *the artificial nature matter*. This part of her work was not marked verbally but tried to combine animate with inanimate matter. This again I consider a change of perspective: to invent and to specify some matter in order to perpetuate the material discussion. I cannot tell if all of this was intended in this work. In any case, this was an associative marker to state: Here, the issue of matter and materiality especially materiality in print or other medium is raised.

The work of Dobroslav Houbenov obviously focuses on the medial discourse of power, represented by the symbol of terrorism or mass media. The Scan is a sort of compression, but has also an archiving function, and also contemplates how we cope with the historicity of power, how we bottle it anew or sort it out and which function – this being the historical component – a culture of observation has in connection

with printmaking, facilitating the creation of archives. I do believe that paper is still a proper medium for the transport of information. If for instance a compact disc gets too close to a magnet, it is destroyed.
The work of Lili Cristofolini deals with sequences that include the tendency to repeat – atypical for art – and the resulting differences. This is vanguard, as it is quite customary with digital media. Today, the terminus is authenticity, as the concept of the original has vanished, not only for art but also for the media, along with binary multiplication at the latest. Originality as a quality is only interesting as long as there is a market for it. If I want to generate a *surplus* or a *value*, I need to state in relation to the art market: This thing exists only once, or only eight times. This shows that something may exist eightfold, and still may be called an original or signed as such. As we do not have any skill or tool for this, we create a taxonomy to be able to talk about originals. This is why I prefer the term authenticity in this context.
However, what I would like to discuss further is the media-evolutionary development of what is understood as the four associative markers – program, norm, standard, and code – when perspectives and media are changed, as can be observed in printmaking up to today's *open-source systems* in computer systems or binary media.

Knofler: This aspect of authenticity I consider very interesting. In the 1960s, strict rules for printmaking were set up within the biennials, especially at Ljubljana. One of them was: An original graphic print must have been made by the artist, should be printed by him, and there must be an edition. These are three terms that do not work anymore and they are not supposed to do so. The artists do not care; the key issue is not the edition, but the work, the subject matter and the message. Last week, at the annual meeting of directors of graphic collections from Germany, Austria and Switzerland, Christian Rümelin, Director of the *Cabinet d'art grafiques* in Geneva, raised the question in his lecture: "What do I do with monotypes, prints in a *one-piece* edition? How do we inventory this?" I do not see any problem to inventory this print as printmaking or even as a drawing. But for many collectors, and colleagues, this really is an issue and quite a problem. For that reason, this issue is important and also in light of the turn away from printing editions. It is no longer the question whether the artist – in earlier times they said *invenit* – or the printer – *sculpsit* – or both should be mentioned. In digital works, printing machines are used which just eject the finished print.

Schneider: As "crisis" is concerned: In printmaking, we look back upon a long period of crisis, such as what awaits us in the economy. There it showed that certain structures are very viable. I fear the same for the financial market. The structures have led to the setting up of rules and standards at a point when the facilities for multiplication had reached a dimension that suddenly challenged the concept of the original. Here, the regulations took effect in the attempt to create commodities in order to keep a market alive, which had nothing to do with the actual development. This was merely a reaction to a technical development, but also to a social development – and this is where the crisis in fact starts. This is one of the many turns, and printmaking suffers the most, as it comprises this technical component in dealing directly with the media in its artistic activities.

Knofler: Nowadays, an artist who engages in printmaking stands no real chance when approaching an art gallery.

Russegger: Nowadays, an artist stands no real chance when approaching an art gallery, anyhow. Mostly, the gallery approaches the artist.
But I also detect some chance in this crisis. At the intersection of painting and photography in the first half of the twentieth century, especially the established descriptive cultures got into trouble with the rise of new technologies. A lovely repertoire of codes had developed and worked fine – and suddenly one or more components break off due to some innovation. And what now? Everything has to be shifted in view of these new methods and consequential mass applications. I consider this a mechanism of reflection for creative artists and the respective cultures. Maybe this is also the future of digital culture already pushed by new, faster, better technologies. Maybe one day it is obsolete to say *computer*, as everything is a computer, so that it is no longer necessary to talk about computers or digitality as such. What happens if the technological basis of how one defines oneself suddenly crumbles? This is always a very materialistic discourse, if we talk about production, works of art, media, and procedures.

Schneider: I would like to give an example as media and processes are concerned. At a recent visit to the Brandhorst Museum in Munich I realized that some of Andy Warhol's works were described as "Silk screen color on canvas." Curators as well as art communicators preferred this to "silk screen print," which would have been the correct description. Ever since, I find myself mulling over their description. Are they afraid to refer to the multiple at the presentation and to indicate that there is more than one? Do they want to demonstrate "THIS is an original" and thus avoid any discussion? Or is it derogatory to talk about print, as graphic printed art is not really top-ranking? Or does it simply not matter? Maybe dealing with THIS question is not as important as the other – what I want to achieve by using this medium and the options I have. As a graphic printer who has learned to understand how something has to be labeled and described and which process is involved, I realize that this area has no more limits, rules have ceased to have meanings, and they dissolve.

Russegger: I do not believe in dissolution, but in transformation. In the eye of the observer, items change in their transition of one system of sense into another, and this shows that one cannot expect that the material description "silk screen print" will cause the intended reaction in the reader, so that one has to choose a description that is more artistic, *contemporary*. In view of the over-abundance of printing and multiplying means of artistic impression it is easier to override a medium and simply call it a means to an end.

Schneider: I do not only detect a crisis for printmaking, but also the probably most important phase of revival. In earlier times, it was harder to explain what was important and significant in a print and what questions matter during the printing process. Today, practically everybody owns an inkjet or laser printer and knows what can be printed out; they are familiar with the problem that colors come out wrong, that the paper is inadequate. So, what happens to my picture? It changes when printed out, transformation processes that had been nobody's concern before, suddenly become visual. Some experiences emerge with this medium and constitute a connecting factor. Suddenly you encounter an audience who shares your problems and is perceptive to your questions. This understanding and approach did not exist before. If you put it this way, this is the appropriate moment for an artist who concerns himself with these questions to find resonance and contacts.

Knofler: The problem here in Austria is, as already mentioned, the bad reputation dating back to the 1950s, '60s and '70s. This problem does not exist in many other countries, as printmaking's ranking is different. Of course, it is tempting to keep talking about methods. Many experiments were carried out and still are, never just procedures as such; the subject matters were the key issue. Thus knowledge about works of art was imparted via etchings, then via lithography, and later on through photographs. In the engravings cabinet we have cassette after cassette with pictures from museums and art galleries in any of the three methods. They were not produced out of artistic considerations; this was merely a transfer of information. The contents were important, not the technique.

Russegger: I fully agree with you, otherwise this would just be a continuous change of media. According to media law, matters do not disappear, it is always just a shakeout. Technical aspects require reprocessing, have to be traceable, but the technical sector needs a shakeout as it has no longer a superior position in the information and communication society. Technology is past its prime. It is about subject matters, about artists who deal with the medium as a means for artistic expression. If you reduce something to a mere technical discussion, it will only find marginal space. Experts who are only trained in technology and are not teaching adequate information about context and forms of abstraction will not succeed. In this regard, even media art finds itself in a crisis. How does it differ from contemporary art, apart from its mediality and technology? This does not work anymore, as everybody has a computer in his pocket and believes that he knows all about the world of computers because he knows about Facebook. This means that some time everybody has to deal with this issue. The content makes the fine art! It ought to be secondary whether I employ a computer, printmaking or whatever, it has to fit the medium.

Schneider: We are talking about an area bedeviled by technology. If you, being an artist, want to master the options, you need a certain amount of technical experience. However, recently there are ways to avoid that and to speed up the process. Things developed differently in the USA as one could collaborate with others. Printers have specialized in producing works of art in cooperation with the artists, with the artist not necessarily being an expert in printing or technique. The artist gathered experience via some partner. Similarly, an artist may be an author and motivate an expert in another art to help him with the realization – nobody would question this. This process-orientated way of thinking, however, will not work if you intend to detect some technical novelty. Here, direct practical experience is required, but is not accessible if somebody else carries out the process. Everybody has to decide for himself how important this is for his work.
How important this is, shows Ms. Knofler's reference to the history of collections: analogue printmaking, a medium much slower than digital methods, has made pictures move around, territorial, and into the collective memory, where they were gradually transformed. They were replicated – today one would say: copied. The development of making copyright a source of income has inhibited this process in medial art, in printmaking. Images are no longer at disposal to continue working on them, to develop them further. To work in a medium that involves multiplication and publishing, and to refer to matters or artistic phrases already existing, may well get me into hot water. Today, the danger is not to violate the law for some obnoxiousness, but because of copyright. The basic approach of printmaking rather corresponds to the analogue medium. In *software* development, we consider this *open source*, also with *creative commons*, or alternative methods of handling copyright. Maybe it is time to build this sort of bridges and to say, if rules at all, let us set them up in a way that they do not inhibit us

and create no limits in our understanding of medial work that we are able and willing to perform.

Knofler: An artist does not create in a complete vacuum, he does intend to sell his works. He expects a *return* from them. Dürer created his printmaking not solely, but mainly to sell it. He sent agents and also his wife all around Europe to sell his prints. This meant quicker money than one big order. This also gave him the freedom to convey matters of his own such as his Apocalypse. It may be surprising, but until then, no pictorial representation of the Apocalypse existed. This also holds valid in politically tenuous situations where delicate matters are forwarded by means of printmaking. Today, of course, this is easier via *Facebook* or *Twitter*.

Russegger: The business model for digital work is a very open one, compared to the traditional, normal business patterns with standardized materials, where it is clear who pays whom and when for what product. Certainly interesting is the aforementioned collaborative aspect, where we should certainly risk larger experiments. So maybe art is the point where we should depart form this island position attitude, move away from the standpoint that one can only function as an artist if one creates an individual label. It is clear that the art market is still doing fine. But: When the crisis does come in full force, there will no longer be an art market.
In *open-source* cultures – in Japan an example would be *device art* – that complement one another, collaborating, with various initiatives, various levels of knowledge, which does not imply that I could not master all components of the project myself, and a trans-disciplinary amalgamation would be the consequence. Let us use an example for the use of a medium as it was intended. I am thinking of a banal example from pop culture, like printing T-shirts, which is also a sort of printmaking, and working still well. There is no large clientele for certain *messages* and thus the T-shirt mutates into a medium of individualization, produced in a silk screen workshop on demand. The medium adjusts to those few people who will want to actually wear this message. Printmaking is in for an *iconoclash*, bound to pillory their own gods in order to undergo this reformation or clarification, which seem to be necessary after all the broadsides I heard about recently. Every media or artistic *community* has to go through such a phase, to consider their own *iconoclash* and to utilize it constructively afterwards to create something new.

Schneider: A very interesting point. But how could this work, as we do not have any icons? A reference to Dürer is possible, of course, but it would not cause any attention if we unseated Dürer. We need icons that are more up-to-date, but they are rare because, as printmaking, due to its isolated status during the last 50 years, often was used was the cheap track for many established artists. There is printmaking of celebrity artists, of *blue chips*, who put cheaper versions of their art work on the market in collaboration with specialists in order to produce high-quality prints according to the standards set up to provide for tradable products. They can't be used for rubbing oneself against them. Artists who created novelties never were close enough to the center of discussion that one could talk about icons. There is no opponent, so probably a different strategy is required to get a likewise result.

Russegger: This would at least be a topic for further research. Who are the icons of printmaking? If the crisis has been around since the 1960s, there were probably some veritable bolters. I am thinking of Pop-Art with its conceptual safe distance to printmaking, stating: 'This is just a medium, our *message* is a different one.' But also Pop-Art is no longer *cutting edge*, was subsumed in the meantime. But maybe there are adequate examples. I am thinking of Yuko Mori whom I would call a printmaker although she is a media artist. Mori cooks on scanners, the process being scanned simultaneously, printed, and has a sensory coupling within the room, thus being a kind of circular process installation.
One ought to present various perspectives, like in the exhibition "Druck am Limit" (Print at its Limits), and maybe visualize more classical questions in this context. Most people probably are not aware of this problem in a more detailed correlation.

Schneider: From this point of view, this event is also part of the endeavor to evoke an awareness, to better define the areas and to determine our topics for future discussions if we intend to enlarge this domain for a better understanding. Also to find out if the medium has some intrinsic system of rules – essential for its functioning – or are certain rules only a traditional habit that one simply follows and there is no need to scrutinize them, overrule them, and to define them anew.

Knofler: I can see more clearly now. On the one hand, there is the problem of editions that still are produced today – even Jonathan Meese has produced printmaking recently. On the other hand, there is the entirely different approach, political, or of social criticism; moreover, there are artists who print only one single unit, which is not a monotype but an individual work of art. We must stop to consider this a problem: the edition, which is in fact a commercial issue, versus an artistic print, which may well be one single unit. Then, the question is not raised anymore whether it is printmaking or another technique. It simply is a work of art.

Russegger: This is clearly demonstrated in this exhibition. This turns into a complex context, a comprehensive deployment of creative work. It turns out to be secondary how the issue of printmaking is handled, as primarily *the body of work* has to be considered and analyzed, and anything can happen in this context. This discourse will most likely come out on top if edition and technique are put forward – then the individual printmaking protagonists' qualifications will be the main topic. Here we come full circle: subject matters are the key issues, contexts, reflections that may well originate from the sphere of technology, but not necessarily. The key issue is that the focus, the frame of action are enlarged rather than zoomed in on the technological moment.

Knofler: This is also a problem for curators and the museum people, who rarely choose to mix. The turn, that the content of the work is the key issue and not the technique, must also take place in their heads. In exhibitions, printmaking and drawing are often displayed in a separate room – sometimes for reasons of conservation, because of the light. As soon as this view is a thing of the past, as soon as printmaking created today is acknowledged as an autonomous work of art and to be of the same quality as a painting, an installation, a sculpture, the matter changes entirely. Then the edition is not an issue anymore, then the same price may be charged as for a painting or a sculpture.

Schneider: Thank you, Monika Knofler and Georg Russegger, for the conversation.

Druckgrafik: Die unscharfe Linie – the state of the art

Chiara Giorgetti

„Für mich muss ein Druck mindestens drei Komponenten haben: Matrize, Farbe und ein Trägermaterial. Das kann Papier, Pappe, die Wand, Haut oder sogar ein Video sein“[1], stellte Jose Roca, künstlerischer Direktor der Philagraphica 2010, eines Stadtfestivals in Philadelphia, das der zeitgenössischen Druckgrafikkunst gewidmet ist, fest. „Zwischen Video und Druck besteht ein demokratisches Gleichgewicht,“ fügte Julien Robson, Kurator für zeitgenössische Kunst an der Pennsylvania Academy of the Fine Arts und Kurator der Philagraphica hinzu. „Sie vertreten ein sehr unterschiedliches Zeitgefühl. Das Video ist sehr schnell und das angewandte Verfahren sehr aufwändig. Sehr handgemacht.“[2] Diese Worte erfassen die gegenwärtigen Veränderungen in der Welt der Druckgrafik, weit entfern von dem, was noch vor zwölf Jahren zur Diskussion stand.

Es ist noch nicht so lange her (1999), dass Luis Camnitzer in *Printmaking: A Colony of the Arts* schrieb: „Die Druckgrafik ist wohl das beste Beispiel für den Triumph des technischen Fundamentalismus über die kreative Freiheit der Kunst.“[3] Er nahm damit Bezug auf die strengen technischen Regeln – den KünstlerInnen, die mit Druckgrafik arbeiten, wohlbekannt – die genau befolgt werden mussten, um ein künstlerisches Projekt zu realisieren. Diese Regeln unterschieden die Kunst der Druckgrafik von allen anderen Künsten. Diese Anschauung ließ die faszinierende Aura einer Künstlerwelt bestehen, voll alter Rituale und überlieferten technischen Wissens. In Ländern mit großer künstlerischer Tradition wie Italien entstand sogar ein eigener Mikrokosmos des Kunsthandwerks.

Eine große Zeit der Wiedergeburt der Druckgrafikkünste waren die frühen 1960er Jahre, nach den Erfahrungen mit Hayters Atelier 17 in Paris, unterstützt von einigen Verlagen für Druckgrafik wie U.L.A.E. (Universal Limited Art Editions) in New York, der heute noch aktiv ist und mit KünstlerInnen wie Kiki Smith und Terry Winters zusammenarbeitet, sowie Crown Point Press in San Francisco, die so bedeutende

[1] *'Philagrafika' Printmaking: No Paper? No Problem* von Elisabeth Perez-Luna bei NPR (National Public Radio), 6.April, 2010

[2] ibidem

[3] Luis Camnitzer: *Printmaking: A Colony of the Arts*, im Internet: Text Archive of the Melton Prior Institute for Reportage Drawing, 2006

Künstler wie Ed Rischa, John Baldessari und viele andere verlegt. In New Mexico gibt es heute das „historische“ Tamarind Institute, das 1960 als die gemeinnützige Gesellschaft Tamarind Lithography Workshop in Los Angeles seinen Anfang nahm. „Tamarind wurde gegründet, weil ein amerikanischer Printshop fehlte, der Künstler unterstützte, zu einer Zeit, als die amerikanischen Künstler sowohl die Lithografie als auch das kollektive Drucken eher ablehnten und den mehr ‚direkten, spontanen‘ Möglichkeiten der abstrakten expressionistischen Malerei den Vorzug gaben.“[4] Die produktivsten Printshops in Italien, beide in Rom, waren damals Stamperia Romero, der Shop von Renzo Romero, der hauptsächlich mit abstrakten Künstlern wie Burri, Dorazio und Fontana arbeitete, und Stamperia 2RC, heute noch aktiv, unter Eleonora und Walter Rossi. Bei 2RC arbeiteten Künstler wie Francis Bacon, Victor Vasarely, George Segal. In Mailand dagegen, beim Grafica Uno Printshop, geleitet von Giorgio Upiglio, arbeitete hauptsächlich die französische Szene: César, Corneille, aber auch Tápies, Vedova und andere.

20 Jahre später gab es einerseits ein reiche Druckgrafik-Produktion in den Ateliers, Studios, Printshops, andererseits ein gewisses Abrutschen in die untergeordnete Rolle des Reproduzierens vorher geschaffener Bilder.

Heute, nach vielen Wechseln, ist es interessant festzustellen, wie zeitgenössische KünstlerInnen von den Druckgrafiken alter Meister beeinflusst werden bzw. solche zitieren. Alte Materialien und Techniken zu überdenken und ihnen nachzuspüren, bringt offensichtlich neue Blickwinkel und Erfahrungen und schärft den Blick für Stile und Symbole.

Vik Muniz widmete sich 2002 einer Serie, in der er die „Carceri“-Radierungen von Giovanni Battista Piranesi mit Metallnadeln und Fäden nacharbeitete. Er zeigte Fotos von den Installationen seiner skulpturalen Rekonstruktionen und führte den Betrachter weg von den ursprünglichen Werken Piranesis, indem er eine Serie von Reproduktionen von Reproduktionen zeigt. Das hat nichts mit dem Versuch zu tun, das Original zu imitieren oder gar zu übertreffen, sondern damit, dass der Betrachter veranlasst werden soll, wiederzukommen und das Original genauer zu betrachten, nachzuspüren, wie wir solchen Idolen Sinn unterlegen.[5] Muniz führte eine ähnliche Aktion *16.000 Yards (Le Songeur after Corot)* als Replik nach Camille Corots *Le Songeur*, einem Cliché-verre von 1854, durch.

Die gegenwärtige Ausstellung in den Fondazioni Cini in Venedig ist der Kunst von *Giambattista Piranesi. Architekt, Radierer, Antiquar,*

[4] Clinton Adams: *An Informed Energy: Lithography and Tamarind*, Erste Veröffentlichung: Grapheion, Frühjahr 1997

[5] Die Originaldrucke Piranesis und Muniz' Interpretationen wurden 2004 an der National Academy of Sciences ausgestellt. www.nasonline.org/site/PageServer?pagename=Discover_Collection_Vik_Muniz

Vedutenmaler, Designer gewidmet. Die Ausstellung zeigt eine Reihe von *ad hoc*-Werken, die Piranesis Sprache, Stil und Flair als Wechsel zwischen alten und modernen Formen in genialen Kombinationen verkörpern. Eine Ausstellung innerhalb der Ausstellung zeigt Drucke Piranesis gemeinsam mit Fotografien von Gabriele Basilico, einem Kunst- und Dokumentarfotografen. Basilico fotografierte die Orte der Veduten Piranesis, inspiriert von den hochgelobten Texten, die die Schriftstellerin Marguerite Yourcenar Giambattista Piranesi in den frühen 1970er Jahren gewidmet hatte.[6]

Die Carceri-Serie inspirierte auch Lothar Osterburg zu einer 14-minütigen Stop-Motion-Animation, die das künstlerische Schaffen preist. Ausgehend von den Radierungen, die imaginäre Gefängnisse zeigen, erweckt Osterburg seine eigene imaginäre Welt zum Leben, dokumentiert durch die beiden „Staats"-Modelle aus Papier und Farbe.[7]

Arnulf Rainer wurde schon 1987 für seine *Überzeichnungen* von Piranesis Zyklus *Ansichten von Rom* (1745–1764) inspiriert, seine Hand mit Kreiden und Stiften zu bewaffnen, um die dreidimensionale Perspektive, mit der Piranesi die monumentale Pracht klassischer Kunst verherrlicht hatte, zu zerkratzen und zu zerstören. Er verwandte die Original-Drucke, suchte den Kontakt durch den Dialog zwischen vergangener und seiner gegenwärtigen Erinnerung herzustellen.

1999 setzten die Brüder Chapman eine ähnliche Aktion an Goyas *Desastres de la Guerra*, einer Serie von 83 Radierungen. Die Brüder, wohlbekannt durch ihre aggressiven Schock-Taktiken, wurden vom Gebrauch der Kunst als Provokation inspiriert, Werke „von schwindelerregender Obszönität"[8] zu schaffen, wie sie derartiges seit ihrer Frühzeit nennen. Alle Variationen zum Thema waren nur Übungen für *Insult to Injury* (2004), wofür sie eine Serie der *Desastres de la Guerra* um £ 25.000 (gedruckt 1937 von den Originalplatten) kauften und sie systematisch verunstalteten, den Figuren Köpfe aus Mickey Mouse oder grinsender Clowns aufsetzten, und die Blätter mit Grafittis von Gasmasken, Glotzaugen, Insektenfühlern und den allgegenwärtigen Hakenkreuzen bedeckten.[9]

Baptiste Debombourg ließ sich von dem niederländischen Druckgrafiker, Zeichner und Maler Hendrick Goltzius inspirieren, Phaeton als Wandinstallation (2,7 x 2,5 m) mit dem Titel *Aggravure* (2007–2009) aus 35.000 Heftklammern zu gestalten. Der Titel klingt wie eine Mischung aus den französischen Worten *aggravation* (Verschlechterung) und *gravure* (Radierung). Die Klammern dienen als Material und Ausdrucksmittel im Spiel zwischen aktueller Aggression und profanem Alltagsding.

[6] *Le Arti di Piranesi Architetto, incisore, antiquario, vedutista, designer*, Venedig, Insel San Giorgio Maggiore, 2010, http://www.cini.it/index.php/en/event/detail/1/452

[7] http://home.earthlink.net/~lotharosterburg/

[8] *I'd like to have stopped on Goya's toes*. Christopher Turner on Jake and Dinos Chapman in Tate Etc, Herbst 2006

[9] ibidem

Zitate aus der Vergangenheit gab es auch in der Ausstellung *Robert Mapplethorpe and the Classical Tradition*, organisiert 2004 von der Solomon R. Guggenheim Foundation, New York, und der Eremitage in St. Petersburg. Die Ausstellung war dem Dialog zwischen den Fotografien Robert Mapplethorpes (1946–1989) und klassischer Kunst gewidmet, insbesondere den Druckgrafiken der flämischen Manieristen, den Stichen und Holzschnitten von Hendrick Goltzius, Jan Harmensz Muller, Jacob Matham und Jan Saenredam.

Ein anderes zeitgenössisches Kunstwerk, „inspiriert von alter Kunst", ist *Anti* (2004), eines der symbolistischten Werke des deutschen Künstlers Carsten Nicolai. Die Form dieses Polyeders ist bekannt als Dürers Sehnenfünfeck, eine monumentale Geometrie, hermetisch und symbolisch, und erinnert an den berühmten Kupferstich *Melencolia I* (1514).

Andere Anregungen beziehen bildende KünstlerInnen aus den Druckprozessen, z.B. dem CMYK Farbmodell. CMYK steht für die vier Farben Cyan, Magenta, Yellow (Gelb) und Key Black (Schwarz für die Schlüsselplatte). Dieses Vierfarb-System wird in der mehrfarbigen Druckgrafik verwendet und ebenso für Tintenstahldrucker. Zwar ist RGB (Rot, Grün, Blau) zum *de facto*-Standard sowohl für Desktop- als auch für Web-Systeme geworden, aber CMYK, komplementär zum RGB-Farbraum, ist die Drucktechnik der Wahl für die Reproduktion von Bildern und Texten in Vollfarbe, für die meisten Farbmagazine, Kalender, Poster etc. Die anspruchsvollsten Drucker verwenden Mehrfarb-Patronen zum Variieren jeder Farbe auf der Basis von CcMmYK (Cyan, Light Cyan, Magenta, Light Magenta, Yellow und Key, d.i. Schwarz) um Farbauflösung und -umfang zu erhöhen. Die Technologie von Epson hat nun den CcMmYK-Prozess erweitert durch Hinzufügen von Light Black und Light Light Black und weiters Matte Black für matte Papiere und Papier für den Künstler-Druck bis hin zur Leinwand. Dies soll den Braunstich abschwächen, um tiefschwarze und reinweiße Giclée-Drucke zu ermöglichen. Beim Druck dreht sich alles um korrekte Farbanwendung, und daher ist die Farbtrennung auch Thema zahlreicher Projekte. *CMIKB* (2009) ist eine Fensterinstallation von Scott Kiernan für Mixed Greens, NYC.[10] Die Installation bestand aus den CMYK-Farbtrennungen einer Angleichung von International Klein Blue, gedruckt auf Acetatfolie und aufgehängt in den drei zwei Stockwerke hohen Fenstern der Mixed Greens Galerie, NYC.

Riccardo Previdi hatte eine Einzelausstellung mit dem Titel *CYK – Black to the Future* in der Galerie Iris Kadel in Karlsruhe. „Die einzelnen Elemente der Ausstellung funktionieren als autonome Objekte, in ihrer Gesamtheit als Raumeingriff spielen sie mit der Idee einer konstruktivistischen Bühne der Wahrnehmung: C-M-Y-K."[11]

[10] http://scottkiernan.com/section/128922_CMIKB_2009.html

[11] http://www.printeresting.org/2010/03/11/riccardo-previdi/

Fake Flowers in Full Color (2008/09) war eine Gemeinschaftsarbeit von Hans Gremmen und Jaap Schereen. Sie gingen von einem Bild mit Blumen in einer Vase aus.[12] Die Frage, die die Künstler zu diesem Experiment veranlasste, war, ob es möglich sei, eine dreidimensionale Farbtrennung zu erreichen. Als Ausgangspunkt und Vorbild wurde ein Bouquet aus Kunstblumen arrangiert. Dann wurden vier Stillleben dieses Bouquets geschaffen, je eines in Cyan, Magenta, Gelb und Schwarz. Diese Stillleben wurden fotografiert und zu einem Bild zusammengefügt.

RGB ist das additive Farbmodell und inspirierte für eine Kollektion von Tapeten, genannt RGB und entworfen vom Mailänder Künstlerkollektiv *Carnovsky*. Sie schufen einen „Katalog" naturalistischer Motive, ausgehend von Stichen aus europäischen Schriften des 16. und 17. Jahrhunderts zur Naturkunde, von Aldrovandi bis Ruysch, von Linneus bis Bonnaterre. Drei verschiedene Muster werden übereinander gedruckt und ergeben ein sehr undeutliches Bild.

Nicht unerwähnt dürfen Künstlertapeten wie Paul Nobles *nobnest zed* (2002), Julian Opies *Elena, schoolgirl (with lotus blossom)* (2002) oder Peter Koglers *Untitled* (1992–2008) bleiben. Nobles Tapete zeigt eine Phantasie-Stadt, die er *Nobson Newtown* nennt, sie ging in Massenproduktion und wurde 2007 in der Sonderausstellung *Multiplex: Directions in Art, 1970 to Now* im MoMa gezeigt.[13] Koglers Tapete ist eine Serigrafie, hergestellt im MoMa und hier in der Ausstellung *Eye on Europe* gezeigt, außerdem auf der *documenta* in Kassel 1997. Der englische Künstler Julian Opie ist bekannt dafür, dass er die Grenzen der ‚traditionellen' künstlerischen Praxis laufend verschiebt. Interessant sind auf seiner Website die einzelnen Kategorien: Im Kapitel „Malerei" findet sich großteils Druckgrafik: Tintenstrahl auf Papier, Tintenstrahl auf Leinwand, Siebdruck auf bemaltem Holzbrett, Lentikulardruck in Aluminiumrahmen, C-type Print etc.; wieso also Malerei und nicht Drucke oder Bilder?

Vielleicht ist es nur die Wortwahl. Malerei klingt umfassender, Druck erinnert an allzu viel Verschiedenes: Poster, Kunsthandwerk, Kleinformat, Plakatwände. Malerei klingt wertvoller und gefällt den Investoren, keiner denkt dabei an Auflagen. Außerdem gibt es noch immer Leute, die in Kategorien wie „höhere Künste" – Malerei, Plastik und Architektur – und „niedere Künste" – Keramik, Möbel, Druckgrafik etc. – denken. „Über Jahrzehnte hatten Künstler, die in bestimmten Materialien arbeiteten, Probleme, als bildende Künstler ernst genommen zu werden", sagte David Byrne in einer interessanten Betrachtung zum Kunsthandwerk. „Keramiker, Textil- und Möbeldesigner (hier füge ich die Druckgrafiker hinzu) und bis vor ein paar Jahrzehnten auch

[12] www.hansgremmen.nl/?mpl%20action=ref&ref=FAKE_FLOWERS_IN_FULL_COLOUR

[13] http://www.moma.org/interactives/exhibitions/2007/multiplex/

Fotografen waren in Kunstgalerien oder in den Museen für bildende Kunst nicht unbedingt willkommen, es sei denn, es wurde explizit eine Keramik-Ausstellung gezeigt." Er fährt fort: „Einige bildende KünstlerInnen wie Kiki Smith mögen mundgeblasenes Glas in ihren Arbeiten verwenden, und Sterling Ruby kann verrückte Keramik zeigen, aber ein erklärter Glasbläser oder Keramiker hat es schwer, in deren Welt akzeptiert zu werden."[14] Byrne stellt fest, dass diese snobistische Haltung auf die Renaissance zurückdatiert, was sicher richtig ist, und heute ähneln die Gesetze des Kunstmarktes jenen des Finanzmarktes.

David Cohen sagte 2008 über die Ausstellung *The Hand-drawn Negative: Clichés-verre by Corot, Daubigny, Delacroix, Millet and Rousseau*[15] bei Peter Freeman: „Zwischen 1859 und 1862, als der Status der Fotografie zu rechtlichen Kontroversen führte, weil das Medium ins Copyright-Gesetz integriert wurde, hielt man die Fotografie für den ‚Todfeind der Kunst' (Baudelaire) und gleichzeitig waren Fotografien ‚wunderbar, aber man durfte sie nicht bewundern' (Jean-Auguste-Dominique Ingres)."[16] Geschichte wiederholt sich, die „Un-Kunst" war damals die Fotografie, oder die „merkwürdige Kombination in cliché-verre, zwischen typisch handgezogenen Strichen in ihrer kratzigen, zittrigen Direktheit und dem glatten Bild eines Photodruckes".[17]

Alles, was nicht einzuordnen ist, wirkt verdächtig und fordert Courage und kritische Intelligenz.

Sicher ist, dass KünstlerInnen heute nicht von Vorurteilen bezüglich Form und Norm beeinflusst sind, sie suchen, wo notwendig, nach einer exakten Umsetzung des expressiven Zieles, kreuzen ein Medium mit dem anderen. Heute legen KünstlerInnen großes Gewicht auf die Wahl des Mediums und seine immanenten Qualitäten.

Die zeitgenössische Kunst widmet sich verstärkt der Erforschung des Druckmaterials jenseits seiner konventionellen Grenzen. In seiner Serie *Freischwimmer* (2004) spürt Wolfgang Tillmans der Logik des Mediums nach und erweitert die Möglichkeiten des Ausdrucks in Kunst und Fotografie. Der deutsche Künstler, der in Berlin und London lebt und Träger des Turner Preises 2000 ist, behandelt das Fotopapier als Leinwand. Die Bilder entstehen ohne Kamera ausschließlich in der Dunkelkammer. Das Licht wirkt direkt auf die empfindliche Oberfläche des Papiers ein, der Künstler thematisiert den Bildträger, sucht geradezu nach der Quintessenz des Fotodruckes. Seine frühen Arbeiten aus den 1980er Jahren nahmen ihren Anfang in Experimenten mit einem alten analogen Canon-Fotokopierer.

[14] Arts 'n' Crafts by David Byrne: http://journal.davidbyrne.com/, 29. Mai 2010

[15] http://www.peterfreemaninc.com/exhibitions/the-hand-drawn-negative/pressrelease/

[16] David Cohen: *Drawn Together*, NY Sun, 3 Jänner 2008, http://www.nysun.com/arts/drawn-together/68853/

[17] ibidem

Eine andere Bemerkung zu den Grenzen der Druckgrafik kommt von Scott Shorts evokativen Kompositionen, die Grenzen und Möglichkeiten der Malerei ausloten. In Arbeiten wie *Untitled (white)* „untersucht Short die Konzepte von Urheberschaft und Reproduktion. Er beginnt, indem er ein leeres Blatt farbigen Zeichenpapiers auf ein weißes Blatt Kopierpapier kopiert, was zu scheinbar zufälligen Schwarz-Weiß-Mustern am Kopierpapier führt. Dann kopiert er die Kopie, wiederholt den Vorgang mehrmals, und führt damit auch die zufällige Musterung weiter. Sobald der Künstler die endgültige Permutation ausgewählt hat, wird das Bild als Diapositiv fotografiert und auf eine grundierte Leinwand projiziert. Als letzte Stufe malt Short ein getreues Abbild, genau nach den Mustern und Formen, die die Maschine geschaffen hat. In Shorts Technik erfolgt ein Rollentausch zwischen Maler und Maschine: Der Fotokopierer erschafft die Abstraktion, und der Maler gibt die Kopie wieder. Indem die emotionale Ebene des Künstlers weg- und die Urheberschaft einer Maschine zufällt, erfindet Short die traditionelle malerische Praxis neu."[18] Und vielleicht auch die „druckerische" Praxis?

Was die Materialien der Druckgrafik betrifft – im April 2011 wird im Drawing Centre of New York eine Ausstellung mit dem Titel *Drawing and its Double* eröffnet (Ausgewählte Beispiele des Istituto Nazionale per la Grafica).[19] Die Ausstellung wird ca. 60 Metallplatten (Kupfer, Zink, Blei, Stahl und Messing), gestochen von italienischen Meistern vom 16. Jahrhundert bis heute umfassen. Die Platten werden als Original-Kunstwerke gezeigt, ohne vorbereitende Skizzen oder Druckergebnisse. Im Drawing Room wird das *Decalogo* von Paolo Canevari gezeigt, eine Reihe von Arbeiten, die während des Aufenthalts des Künstlers im ING 2008 entstanden sind. Carnevari sagt über *Decalogo*, „Die Radierungen sind auf Kupferplatten entstanden ... ich habe sie als Zeichnungen konzipiert und gefertigt, als Originale, während die Drucke nach den Platten an zweiter Stelle stehen. Für mich ist die Platte die Zeichnung und ich habe beileibe nicht spiegelverkehrt gezeichnet. Ich wollte den sekundären und nicht den primären Aspekt der Druckgrafik betonen.[20]

Das Wort *hybride* wird heute nicht nur in der zeitgenössischen Kunst verwendet: Wir hören von hybrider Architektur, sprachlicher Hybridität und natürlich findet sich das Wort hybrid in der Biologie und den Geisteswissenschaften. Hybride Kunst ist also „eine zeitgenössische Kunstbewegung, in der KünstlerInnen in Grenzgebieten der Wissenschaft und mit neuen Technologien arbeiten, in Bereichen wie Biologie, Robotertechnik, Physik, in experimentellen Schnittstellen-Technologien, künstlicher Intelligenz und Visualisierung von Information. Die internationale Gemeinschaft hat neue Arten von Kunstfestivals,

[18] Exzerpt aus der Beschreibung für die Biennale 2010, Whitney, http://whitney.org/Exhibitions/2010Biennial/ScottShort

[19] Das Istituto Nazionale hat seinen Sitz in Rom, Palazzo Fontana di Trevi, und bewahrt das nationale Erbe an Druckplatten zusammen mit Drucken, Zeichnungen und Fotografien, http://www.grafica.arti.beniculturali.it/

[20] *Art is a political opportunity*, ein Gespräch mit Francesca Pietropaolo auf Brooklyn Rail www.brooklynrail.org/2010/09/art/art-is-a-political-opportunity

Informationsquellen, Organisationen und Universitätsprogrammen entwickelt, um diese neuen Künste zu erkunden."[21] Hunderte Organisationen, Informationsquellen, Gemeinschaftsprojekte von Kunst und Wissenschaft, Ausbildungsprogramme fördern, verbreiten und interpretieren diese neuen Kunstaktivitäten. Viele Publikationen, Bücher und Artikel beschäftigen sich mit diesem Konzept, darunter: *Art in the Age of Technoscience* von Ingeborg Reichle, *At the Edge of Art* von Jon und Joline Blais Ippolito, *Information Arts: Intersection of Art, Science, and Technology* von Stephen Wilson und noch viele andere. „Hybrid" und „crossmedia" sind häufig verwendete Wörter in Dissertationen und Vorlesungen über Kunst, bei der Druckgrafik scheint diese Neigung zu „crossmedia" paradigmatisch zu sein. Die KünstlerInnen übermitteln oft eine Botschaft jenseits der Grenzen eines einzelnen Mediums, und wir finden viele Beispiele dafür bei den KünstlerInnen, in Printshops, kleinen Verlagen und den Universitätsinstituten in aller Welt.

In Italien, einem Land mit einer reichen Tradition des Kupferstichs, arbeiten viele KünstlerInnen mit der Druckgrafik, und in den letzten zehn Jahren gingen bedeutende Verbesserungen Hand in Hand mit der Bereicherung durch digitale Medien. Das Zeichnen und alle Stadien der Umsetzung, „traditionelle" Drucktechniken wie Kaltnadel, Holzschnitt, Hochdruck, Radierung, wurden neu beurteilt und mit anderen Methoden kombiniert. Der Trend ist, zwischen traditionellen und neuen Medien nicht zu unterscheiden, sondern sie selbstbewusst je nach Projekt einzusetzen. Weil die Einmaligkeit als Charakteristikum für ein Kunstwerk mehr und mehr zurücktritt zugunsten seiner Reproduzierbarkeit, was zum Teil an den neuen Medien liegt, ist ein guter Nährboden für die Neuorientierung der Druckgrafik entstanden. Das Auftauchen neuer Techniken, die Computer und digitalen Geräte allerorten haben ein neues Interesse für die Herstellung von Druckgrafiken bewirkt, einen noch nie dagewesenen Enthusiasmus.

Etablierte Institutionen mit reicher Tradition, wie Kunstakademien, haben seit 2004 neue Abteilungen, eine davon ist die Graphic Art School mit einer großen Anzahl an grafischen Lehrgängen, die viele, oft mit dem lokalen Hintergrund zusammenhängende Möglichkeiten bieten.

Die Academy of Fine Arts Brera in Mailand, die bezüglich Qualität und zeitgenössische Kunst als die beste in Italien gilt, hat ihren Sitz im selben Gebäude wie die Pinakothek (Pinacoteca de Brera), die bedeutendste Sammlung der Stadt mit Meisterwerken von Botticelli, Caravaggio, Hayez, Leonardo da Vinci, Mantegna, Picasso, Rembrandt, Rubens, Tiepolo, Tintoretto, Tizian, Veronese und vielen anderen.

[21] Wikipedia http://en.wikipedia.org/wiki/Hybrid_arts

Mailand und die Akademie Brera sind das italienische Zentrum der Wiedergeburt der Druckgrafikkunst. Neben vielen anderen StudentInnen und AbsolventInnen, die an ihren Kunstprojekten arbeiten, haben Kaori Miyayama und Alessandro Di Pietro interessante Werke aus den Potenzialen der Druckgrafik und Multiples entwickelt. Di Pietro zeigte seine Arbeit *i.m.e.n.(s)i.m.e.n.* anlässlich *Lab of Labs*[22] im Oktober 2010 auf der Triennale Bovisa. Das Projekt dreht sich um ein Konzept „Insel" in Multiple und Druck, das den Betrachter einbezieht, indem dieser auf die fertigen Drucke seine handschriftlichen Zeichen setzt. Die Formen zweier Inseln wurden mittels Computer zu einer einzigen variablen schwarzen Form zusammengeführt, die Umrisse einer beliebigen Anzahl von Inseln wurden mittels Toner auf weißen Karton gedruckt, dann von den Betrachtern ausgewählt und fertiggestellt. *Equus asinus* ist ein Kunstwerk aus einer Serie mit Phantasie-Tieren, die über serielle Aspekte reflektiert. Es handelt sich um eine Cliché-verre-Serie auf lichtempfindlichem Kunstdruckpapier, komponiert aus bausteinartigen Flächen, 20 x 20 cm, die sich je nach Ausstellungmodus zusammenfügen. Kaori Miyayama[23], eine in Italien lebende japanische Künstlerin, vereint östliche und westliche Traditionen in ihren zarten Kunstwerken, die digitale Mittel, Holzschnitt, Radierung, Gummidruck und Collage auf feinem Japanpaper und transparenten Stoffen verwendet und mischt – zuletzt gezeigt im November 2010 in Mailand, in der eindrucksvollen ehemaligen Kirche San Carpoforo, in der jetzt Ausstellungen veranstaltet werden. Ihre Arbeit begibt sich auf das ungewisse Terrain zwischen Realität und Fiktion, von Sichtbarem und Unsichtbarem, Veränderlichem und Unveränderlichem, analysiert die undefinierbaren Spuren gegensätzlicher Elemente im Gang der Zeiten. In ihren Büchern wird ihre Absicht deutlich, ihre Kunst der dritten Dimension und der Wechselbeziehung zwischen Raum, Zeit und Betrachter zu öffnen. Der traditionelle Druck an der Wand ist für Miyayama nicht von Interesse, die verwischten Grenzen der verschiedenen Medien wollen neue Formen von Raum und Zeit vermitteln.

Unter den unterschiedlichen und umfangreichen Projekten der KünstlerInnen und ProfessorInnen von Brera stach eines von Riccardo Galleni aufgrund der Verwendung einer unüblichen Druckmaschinerie hervor: eines elektronischen Speed-Router und einer Roland-EGX-600 Gravurmaschine. Das Projekt *Rami* begann mit einer Bleistiftzeichnung auf Papier, dann folgte eine digitale Aufnahme, angereichert mittels einer Software für Bildbearbeitung, aus der er eine 3D-Schiefermatrize machte und von dieser eine Grafit-Frottage auf asiatischem Papier: eine Serie von Diptychen, die Frottage und Holzschnitt kombinieren. Galleni, der in Pietrasanta eine jahrelange Ausbildung zum Bildhauer und Druckgrafiker erhalten hatte, begann 1978

[22] http://www.triennale.org/index.php?idq=1294&lang=IT_it

[23] http://www.studioetcetera.com/kaori/

eine Serie zum Thema „Schatten", *Mano*, Kaltnadel auf Kupfer, war die erste Stufe. Heute entwickelt er die Idee entlang der kaum sichtbaren Spuren, die die Maschine auf Zinkplatten hinterlässt.

Daniela Lorenzi, Professorin in Brera, hat sich auf Druckgrafik spezialisiert, sie blickt auf eine reiche internationale Erfahrung, hauptsächlich in Brasilien und Kanada, zurück. Sie beschreibt sich selbst unter dem Namen A14[24] als vazierende Professionalistin für ad-hoc-Beratung. Lorenzi ist ein neues wichtiges Element im italienischen Panorama jenseits des traditionellen Masterprinters. Sie weist 15 Jahre Erfahrung in der Planung und Durchführung von Kunstprojekten, Editionen, Künstlermappen und Forschungsprojekten auf, die die traditionelle Druckgrafik mit neuen digitalen Techniken verbinden.

Ein Professor, der ebenfalls verschiedene Berufe in sich vereint, ist Virgilio Vecchio.[25] Als Professor für Chemie und Restaurierung, aber auch als Künstler ausgebildet, vollendete er 1998 die Wandinstallation *Impronte facciali su acciaio specciante* mit sieben verspiegelten Stahlplatten (13 x 10 x 1,5 cm), von denen jede den Abdruck seines Gesichtes trugen. Dieser entstand, indem Vecchio sein Gesicht auf die mit Ätzgrund präparierte Oberfläche drückte und diese anschließend ätzte, wobei eine sehr raue Oberfläche entstand.

Es gibt Printshops mit einer großen Tradition in „konventioneller Druckgrafik", wie die *Stamperia I torchi del Foglio* in Mailand, mit ihrer neuen Filiale 74\b, wo verschiedene Techniken kombiniert werden und wo es für die Druckvorbereitung den neuesten Epson Wide Format Plotter und eine große Auswahl an Kunstdruck-Papier gibt, speziell für den digitalen Druck bis hin zu den traditionellen handgeschöpften Papieren aus Japan und Sizilien. Man bietet den KünstlerInnen einen neuen Ansatz für ihre Suche nach den besten ExpertInnen, nicht nur für digitalen Druck, sondern Printmaster, die sich in „multiplen Sprachen" ausdrücken können.

Und nicht zuletzt etablieren sich derzeit etliche kleine Verleger, Alberto Casiraghis Arbeiten für *Pulcino Elefante Edition* sind ein Beispiel dafür. Diese unkonventionellen Verleger mit Sitz in Osnago, einer Kleinstadt nahe Mailand, kann sich der Zusammenarbeit mit DichterInnen wie Alda Merini oder KünstlerInnen wie Bruno Munari rühmen, aber auch mit jungen, unbekannten AutorInnen. Es brauchte ein eigenes Kapitel, um alle Initiativen von *Pulcino Elefante* zu beschreiben, der mit Performances und Fortbildungsveranstaltungen für schönen Druck, Bücher, Kunst und Dichtung wirbt. Diesen kleinen Verleger zeichnet sein enger persönlicher Kontakt mit KünstlerInnen und DichterInnen aus sowie sein altmodisches Atelier mit Holz, Bleilettern, Metallplatten, altem

[24] http://www.a14.br.com/it

[25] http://virgiliovecchio.wordpress.com/

Werkzeug. Kein Computer, kein Internet, kein Mobiltelefon – nicht aus Snobismus, sondern, wie er sagt, „weil wir es einfach nicht brauchen: Viele Freunde kommen hierher, meine ganze Welt ist innerhalb dieses Ateliers, es ist perfekt." Und nach ca. 8.000 Editionen und zahlreichen Ausstellungen in Italien und im Ausland wäre wohl allein das Beantworten der E-Mails ein Problem!

Interessant und neu ist die Annäherung an die expressiven Medien – nicht nur ein „Update, um technische Tricks zu zeigen"[26], und die deutliche Wendung zur Druckgrafik als Technik der Wahl ist vielleicht das wichtigste Novum in einer digital-globalisierten Welt der Kunst. Auch das Theater hat uns ein Beispiel geliefert: 2009 wurde von Stephen Medcalf *Le disgrazie d'amore*, eine Barockoper von Antonio Cesti, für die Konzertsaison der *Scuola Normale Superiore* in Pisa[27] inszeniert. Der Kostümbildner Massimo Poli verwandte für das Kostüm der Hauptfigur Amicizia ein handgedruckter Farbsiebdruck: Eine Reihe von Gesichtern im Stil von Andy Warhol auf weißer Seide: eine eindrucksvolle Wechselwirkung zwischen barockem Kleid, Handdruck und der Fülle farbenfrohen Tülls unter dem Rock. Laser- oder digitaler Druck und auch qualitätsvolle industrielle Drucke erschienen dafür bei weitem nicht gut genug.

Bei Druckgrafik und Kunst werden neuerdings die Ränder unscharf. Unser Spektrum an Ausdrucksmöglichkeiten ist heute größer als noch vor fünf Jahren. iPhone und iPad mit ihren zahllosen kreativen Möglichkeiten wie Sketch Book oder Thicket, das Musik mit grafischen Zeichen verbindet, und Brushes, die David Hockney für seine iPhone Pictures nütze[28], sowie elektronische Geräte und die gute alte Radiernadel erlauben, neue Wörter zu bilden und neue Sprachen zu sprechen.

Die Idee kann von einem einfachen Schnappschuss ausgehen, en passant aufgenommen mit der digitalen Kamera eines Mobiltelefons, der dann mit verschiedenen Mitteln wie Computer, Metallplatten, einer calcografischen Presse, einem Plotter etc. über- und ausgearbeitet wurde. Unabhängig vom verwendeten Werkzeug bleibt es immer die Hauptsache, „etwas Wichtiges zu erzählen". Mit diesen neuen „Schriften" haben wir die unglaubliche Gelegenheit, neue, expressive Wörter zu schaffen und vielleicht auch etwas Neues zu erzählen, wie Rosalind Krauss in ihrem Buch *Reinventing the Medium* feststellt. Und Angela Vettese, Italiens bekannteste Kunstkritikerin, behauptet in ihrem neuen Buch *Si fa con tutto. Il linguaggio dell' arte contemporanea*[29]: „Es ist nicht wahr, dass die zeitgenössische Kunst keine technischen Kenntnisse mehr verlangt und auf das provokante Prinzip des ‚Readymade' zurückgreift. Im Gegenteil, nicht nur der Künstler muss sich

[26] Luis Camnitzer: *Printmaking* (s.Anm.3)

[27] http://www.sns.it/en/attivitaculturali/concerti/

[28] Lawrence Weschler: *David Hockney's iPhone Passion*, NYBooks, 22. Oktober 2009

[29] *Si fa con tutto. Il linguaggio dell'arte contemporanea*, Angela Vettese, Laterza, 2010

heute mehr denn je zwischen verschiedenen Fertigkeiten bewegen können. Der Gedanke erhält seine Form durch ein andauerndes Zusammenwirken verschiedener Faktoren. Die Grundlage dieser Freiheit ist, dass man viele verschiedene Fertigkeiten beherrschen und präzise arbeiten muss und Projekte nur mittels vielfältiger Fachkenntnisse entwickeln und realisieren kann."

So ist es nicht überraschend, dass wir heute in den Katalogen für Druckgrafik-Wettbewerbe, wie dem der bedeutenden Internationalen Druckgrafik-Triennale in Kraków, Installationen oder digitale Drucke neben Radierungen, Farbholzschnitten, Polymer-Tiefdrucken und Linolschnitten finden. Allerorten entsteht eine Vielfalt von Werken, die auf den Techniken der Druckgrafik basieren, mit der Idee von Druckgrafik in Beziehung stehen und aus dem Versuch des Künstlers, „sich der Materialität und dem Medium selbst anzunähern, ohne die Reproduktionsmöglichkeiten des Mediums zu beanspruchen."[30] Denn jede Technik hat andere Charakteristika und ist nicht so leicht zu transformieren.

Wann können wir also heute von Druckgrafik sprechen? Sobald es Matrize, Farbe und Trägermaterial gibt? Darf ein Künstler, der ein Kind seiner digitalen Zeit ist, ein digitales File als Matrize verwenden? „Ich habe kein Problem damit, ein digitales File als Matrize zu sehen. Alles andere würde bedeuten, dass man die Zukunft aufhält und verhindert, dass viel mehr Menschen Zugang zum Schaffen von Kunst erhalten, als dies je mit traditionellen Techniken der Fall war"[31], sagte Richard Noyce, Connaisseur der bildenden Kunst und Spezialist für Druckgrafik. Dazu kommt, dass wir in einer Welt leben, in der digitales Bild und Realität kaum mehr voneinander zu unterscheiden sind. Die Debatte ist eröffnet, die Forschung im Gange ...

[30] Hans Dieter Huber in: *Print. Internationale Grafik Triennale, Krakau-Oldenburg-Wien*, Katalog 2007

[31] *Intervista con Richard Noyce, la stampa d'arte oltre i limiti* von Printshow.it, September 2010, www.printshow.it/cont/160910b.asp

Printmaking: The Blurred Line – the state of the art

Chiara Giorgetti

"In my opinion, a print has to have at least three components: a matrix, an ink and a support. The support can be paper, cardboard, a wall, skin or even video,"[1] stated Jose Roca, artistic director of Philagrafika 2010, a citywide festival in Philadelphia devoted to print in contemporary art. "There is a sort of democratic balance between the video and print," added Julien Robson, Curator of Contemporary Art at the Pennsylvania Academy of the Fine Arts. In Philagrafika curatorial team, she said: "They represent a very different sense of time. The video is very fast and the process they used to make it is a very laborious way of making things. Very hand-crafted."[2] These words do convey the changing situation in the printmaking world, far from what was being discussed a dozen years ago.

But it was not so long ago (1999) that Luis Camnitzer wrote in *Printmaking: A Colony of the Arts*: "Printmaking is probably the best example of the conquest of technical fundamentalism over the creative freedom of art making."[3] He referred to the strict technical rules, well known to artists working with printmaking, which must be closely followed to realize an artistic project. These rules separated what might be considered graphic art from what was not. This viewpoint preserved the existence of a fascinating *artisan-allure* world with old rituals and extraordinary technical knowledge transmitted over time, but that turned in a crafts' self-microcosm, especially in countries with great artistic tradition such as Italy.

Yet in the early 1960s there was an important initial phase of rebirth of the graphic arts immediately after the initial experience of Hayter's Atelier 17 in Paris. The rebirth was supported mainly by some of the American fine art print publishers such as U.L.A.E. (Universal Limited Art Editions) in New York that were active and working with, among others, Kiki Smith and Terry Winters, as well as with Crown Point Press in San Francisco, which collaborated with important artists as Ed Ruscha, John Baldessari and many others. In New Mexico we now find the "historical" Tamarind Institute that began as Tamarind Lithography Workshop, a California non-profit corporation founded by June Wayne on Tamarind Avenue in Los Angeles in 1960. "Tamarind

[1] *'Philagrafika' Printmaking: No Paper? No Problem* by Elisabeth Perez-Luna at NPR (National Public Radio) April 6, 2010

[2] ibidem

[3] *Printmaking: A Colony of the Arts* by Luis Camnitzer, available on Internet at Text Archive of the Melton Prior Institute for Reportage Drawing, 2006

was founded in the absence of an American printshop dedicated to serving artists during a period when American artists tended to reject lithography and collaborative printing in favor of the more 'direct ... immediate' possibilities of Abstract Expressionist painting."[4] In Italy at that time, the most productive printshops were Stamperia Romero, the printshop of Renzo Romero, which mainly worked with abstract artists such as Burri, Dorazio and Fontana, and Stamperia 2RC, which is still actively managed by Eleonora and Walter Rossi, both in Rome. 2RC worked with artists such as Francis Bacon, Victor Vaserely, George Segal, while in Milan at Grafica Uno printshop, managed by Giorgio Upiglio, mostly the French scene was represented: César, Corneille, but also Tápies and Vedova, among others.

On the one hand 20 years later in artist studios, schools and printshops, there was a big-prints' production, but on the hand, there was a new devolution toward a subordinated role as mere hyper-reproduction of *already-made* paintings.

Now, after many vicissitudes, it is interesting to note how contemporary artists are influenced or frequently quote the Old Masters prints. The act of rethinking and reconsidering the proper print materials and procedures seems to stimulate new views, research and articulated reflections on style and symbols.

In 2002, Vik Muniz dedicated a series of his works to re-build the Carceri's series by recreating etchings from Giovanni Battista Piranesi's prison series using metal pins and thread. By presenting installation photographs of his sculptural reconstructions, Muniz removes the viewer from the original objects created by Piranesi through a series of reproductions of reproductions. This is not done with the intention to mimic or even to improve upon the original, but to encourage the viewer to revisit and look harder at the original while pondering the process by which we embed meaning into such icons.[5] Muniz conducted a similar operation over *16,000 Yards (Le Songeur, after Corot)* to "replicate" *Le Songeur* by Camille Corot, a cliché-verre realized in 1854.

Moreover, the exhibition currently at the Fondazioni Cini in Venice is dedicated to *The Arts of Giambattista Piranesi. Architect, etcher, antiquarian, vedutista, designer*. The exhibition features a series of ad hoc creations embodying Piranesi's language, style and natural flair for crossing over ancient and modern formal repertories in ingenious combinations. There is an exhibition within the exhibition that features a section of Piranesi prints accompanied by the same number of photographs by Gabriele Basilico, a fine art and documentary photographer.

[4] *An Informed Energy: Lithography and Tamarind* by Clinton Adams. First published in *Grapheion*, Spring 1997

[5] Both the original Piranesi prints and Muniz's reinterpretations were exhibited in 2004 at the National Academy of Sciences www.nasonline.org/site/PageServer?pagename=Discover_Collection_Vik_Muniz

Inspired by the celebrated pages that the novelist Marguerite Yourcenar dedicated to Giambattista Piranesi in the early 1970s, Basilico photographed the places featured in Piranesi's views.[6]

And again, the *Carceri*'s series inspired Lothar Osterburg to create a 14-minute, stop motion animation, which celebrates the artistic process. Based on the etchings of imaginary prisons, Osterburg brings his own imaginary world to life by documenting the construction of the two "states" models from paper and paint.[7]

But already in 1987, Arnulf Rainer, for his series *Überzeichnungen*, was inspired by Piranesi's *Views of Rome* cycle (1745–64), to use crayons and pencils to destroy and scratch the three-dimensional perspective where Piranesi exalted the monumental splendor of classical art. Rainer drew over Piranesi's prints in an attempt to establish a connection between Rainer's memory and that of Piranesi's via a graphic dialog. In 1999 the Chapman Brothers made a similar action on Goya's *The Disasters of War*, a series of 83 etchings. The use of art as a provocation has inspired the two celeb brothers, who are well known for their aggressive use of shock tactics, to create works of "vertiginous obscenity,"[8] as they term them, from their earliest days. The variations on a theme were a rehearsal for *Insult to Injury* (2004), for which the brothers bought a series of *The Disasters of War* for £ 25,000 – printed in 1937 from original plates – and systematically defaced it, adding to the figures the head of Mickey Mouse and grinning clowns, covering Goya with a graffiti of gas masks, bug eyes, insect antennae and the ubiquitous swastika.[9]

Baptiste Debombourg was inspired by Hendrik Goltzius, Dutch printmaker, draftsman, and painter, to make Phaëton's figure, a mural (size 2,7 x 2,5 m) with 35,000 staples titled *Aggravure* (2007–2009). The name sounds like a mix between French words *aggravation* (worsening) and *gravure* (etching). The staples are used as a material and a media, which play with the contemporary aggression and the profane utility of everyday life.

Citations from the past came out from the exhibition *Robert Mapplethorpe and the Classical Tradition*, organized in 2004 by the Solomon R. Guggenheim Foundation, New York, and the State Hermitage Museum, St. Petersburg. The exhibition explored the dialogue between the photographs of Robert Mapplethorpe (1946–1989) and classical art, in particular late sixteenth century Flemish Mannerist prints, through the engravings and woodcuts of Hendrick Goltzius, Jan Harmensz Muller, Jacob Matham, and Jan Saenredam. Another contemporary "old-print-inspiring" artwork is *Anti* (2004), one of

[6] *Le Arti di Piranesi Architetto, incisore, antiquario, vedutista, designer,* Venice, Island of San Giorgio Maggiore, 2010 http://www.cini.it/index.php/en/event/detail/1/452

[7] http://home.earthlink.net/~lotharosterburg/

[8] *I'd like to have stepped on Goya's toes* by Christopher Turner on Jake and Dinos Chapman in Tate Etc, Autumn 2006

[9] ibidem

the most emblematic works of the German artist Carsten Nicolai. The shape of this polyhedron is known as Dürer's solid: monumental geometry, hermetic and symbolic, which recalls the famous engraving *Melencolia I* (1514).

Other recurrent reflection comes to visual artists from the print's processes such as the CMYK color model. CMYK refers to the four inks used in color printing: cyan, magenta, yellow and key black. Multi-plate printmaking uses the four-color process system and ink jet printers use it, too. If RGB has become the *de facto* standard for both desktop applications and web-based systems, CMYK, the complement of the RGB color space, is the standard printing process used to reproduce images and text in full colour, and most full-colour magazines, calendars, posters etc. are printed using this process. The most sophisticated printers have multiple cartridges for variations of each colour based on CcMmYK (cyan, light cyan, magenta, light magenta, yellow and key, which is black) to increase resolution and the colour gamut. Epson printing technology has now increased the CcMmYK process by adding a light black and a light, light black, and also matte black for matte paper and fine art paper including canvas. This is to minimize bronzing and create stunning black and white giclee prints. The correct color use is central in print, and many different projects conceptualize this colour division. *CMIKB* (2009) is a window installation by Scott Kiernan, proposed for Mixed Greens, NYC.[10] The installation consisted of CMYK separations of an approximation of International Klein Blue, printed as acetates and hung in the three, two-story windows of Mixed Greens Gallery, NYC.

The solo exhibition titled *CYK – Black To The Future* by Riccardo Previdi at Iris Kadel Gallery in Karlsruhe, where "all the single elements of the show are autonomous objects, but seen as one whole, as an architectural intervention they start to play with the idea of a constructivist stage of perception: C-M-Y-K."[11]

Fake Flowers in Full Color (2008–2009) was a collaboration between Hans Gremmen and Jaap Schereen; their starting point was an image of flowers in a vase. The question that triggered the artists to start this experiment was: Is it possible to create a three-dimensional color separation? A bouquet of fake flowers was arranged as a starting point. The next step was to create four still lives of this bouquet: one each in Cyan, Magenta, Yellow and Black. Then they were photographed and merged into one image.

RGB is the additive color model and the inspiration for a collection of wallpapers, called *RGB*, designed by Milan-based collective Carnovsky.

[10] http://scottkiernan.com/section/128922_CMIKB_2009.html

[11] http://www.printeresting.org/2010/03/11/riccardo-previdi/

They created a natural motif "catalogue" starting with engravings from European natural history's texts of the sixteenth and the seventeenth century, from Aldrovandi to Ruysch, from Linneus to Bonnaterre. Three different patterns are printed over each other, resulting in a very unclear image.

It bears mentioning artist's wallpapers such as Paul Noble's *nobnest zed* (2002), Julian Opie's *Elena, schoolgirl (with lotus blossom)* (2002) or Peter Kogler's *Untitled* (1992–2008). The first wallpaper depicts a fantasy city Noble calls Nobson Newtown; the edition was mass produced and displayed in the special exhibition *Multiplex: Directions in Art, 1970 to Now* in 2007 at MoMA.[13] Kogler's wallpaper is a serigraphy realized and shown in MoMA's *Eye on Europe* exhibition in 2006 and at *Documenta*, in Kassel, Germany in 1997. English artist Julian Opie is well known as one who continues to push the boundaries of "traditional" artistic practice; it is interesting to note the name categories on his website. Under the section "painting," many of the works are prints. Inkjet on paper, inkjet on canvas, silkscreen on painted wooden board, lenticular (print) in aluminum frame, C-type print, etc. Why "painting" and not print or pictures?

Maybe it is a matter of semantics; painting sounds inclusive, print suggests different things: poster, arts and crafts, small format and advertising billboard. The word "painting" sounds more "valuable" than the term "printmaking" and thus is more desirable to the investor. Moreover, there is still someone who considers the "major" art of painting, sculpture and architecture, as well as the "minor" art of ceramics, furniture, prints, etc. "... artists who work in certain materials have, for decades, usually had trouble being taken seriously as fine artists," said David Byrne in an interesting reflection on arts and crafts. "Glassblowers, ceramicists, textile workers, furniture makers and, until a few decades ago, photographers were all not usually welcome in fine art galleries or the museums that show fine art ... unless it was a show dedicated to only ceramics, for example." He continues: "Some fine artists, like Kiki Smith, can use blown glass in their work, and Sterling Ruby can show funky ceramics, but a full-on glassblower or ceramicist has a hard time being accepted in their world."[14] Byrne states that it is a snobbish attitude that goes back to the Renaissance, and it is certainly true that today, the art market laws are quite similar to those in the financial market, crucial in determining the rules.

David Cohen, writing about the exhibition *The Hand-drawn Negative: Clichés-verre by Corot, Daubigny, Delacroix, Millet and Rousseau*[15] at Peter Freeman in 2008, says: "Photography was 'art's mortal enemy,' according to critic-poet Charles Baudelaire; 'photographs are

[12] www.hansgremmen.nl/?mpl%20action=ref&ref=FAKE_FLOWERS_IN_FULL_COLOUR

[13] http://www.moma.org/interactives/exhibitions/2007/multiplex/

[14] *Arts 'n' Crafts* by David Byrne in http://journal.davidbyrne.com/ May 29, 2010

[15] http://www.peterfreemaninc.com/exhibitions/the-hand-drawn-negative/pressrelease/

admirable, but one must not admire them,' declared Jean-Auguste-Dominique Ingres. But these rumblings," he writes, "were from between 1859 and 1862, when the status of photography was becoming a matter of legal controversy as the medium was incorporated into copyright law."[16] The history's cycles always seem to be the same, the "not-art" was the photography, or the "curious combination in cliché-verre between marks very much handmade, in their scratchy, scribbly immediacy and the flattened artifice of a photograph printing" (Cohen).[17]

Everything not classified arouses suspicion and requires courage and critical intelligence.

Today artists are not influenced by prejudices regarding forms and norms; if necessary, they search for an exact realization of their expressive goals, hybridizing one medium with another. Artists are now giving significance to the medium of their choice and its intrinsic qualities.

Contemporary art explores a wide spectrum of print materials probing the medium beyond conventional confines. In the series *Freischwimmer* (2004), Wolfgang Tillmans follows the logic of the medium itself, expanding the possibilities of expression in art and photography. Tillmans, a German artist who lives in Berlin and London, who was awarded the Turner Prize in 2000, treats photographic paper as canvas. The images are created entirely in the darkroom without the aid of a camera. Using light to directly act on the paper's chemical surface, the artist brings the work back to the foundations of the photographic process, almost searching for the essence of photographic print. Interestingly, his earlier works from the late 1980s experimented with a Canon analogue photocopier.

Another reflection on the edges of printmaking comes from Scott Short's evocative compositions that explore the limits and possibilities of painting. In works such as *Untitled (white)*, a description from the Whitney 2010 Biennial catalog states: "Short considers the concepts of authorship and reproduction. He begins by photo-copying a blank piece of colored construction paper onto a blank piece of standard copy paper – a method that results in seemingly random black-and-white patterns printed on the copy paper. He then copies that copy, repeating the process multiple times and continuing the random patterning process. Once the artist selects a final permutation, the abstract image is then photographed, formatted as a slide, and projected onto a primed canvas. In the final stage, Short painstakingly recreates this image, taking care to remain true to the particular

[16] *Drawn Together* by David Cohen in NY Sun, 3 January 2008, http://www.nysun.com/arts/drawn-together/68853/

[17] ibidem

patterns and shapes generated by the machine. In Short's process, the painter and the photocopier undergo a role reversal: the copier creates the abstraction and the painter reproduces the copy. By removing the emotive quality of the artist and leaving the authorship to a machine, Short reinvents traditional painterly practice."[18] And maybe a "printerly" practice, too?

Dedicated strictly to printmaking materials – the Drawing Center of New York will open in April 2011 an exhibition titled *Drawing and its Double*. The exhibition will present a selection from the Istituto Nazionale per la Grafica,[19] which includes approximately 60 metal plates (copper, zinc, lead, steel, and brass) engraved by Italian masters from the sixteenth century to the present. The plates will be shown as primary art objects without the preparatory drawings or the resultant prints. The Drawing Room will show the *Decalogo* by Paolo Canevari, a body of work that was created during the artist's 2008 residency at the ING. Canevari states about *Decalogo*, "... the etchings were made on copper plates ... I conceived of and made them as drawings, as unique objects, while the prints from the plates are the second product. To me the plate is the drawing – and indeed I did not draw in reverse. I wanted to emphasize the secondary rather than primary aspect of the print."

The term *hybrid* seems to be the most used word in contemporary art and not only do we hear about hybrid architecture and linguistic hybridity, we find the word hybrid associated with Biology and human science. Hybrid art, according to Wikipedia, is a "contemporary art movement in which artists work with frontier areas of science and emerging technologies. Artists work with fields such as biology, robotics, physical sciences, experimental interface technologies, artificial intelligence, and information visualization. The worldwide community has developed new kinds of art festivals, information sources, organizations, and university programs to explore these new arts."[21] Hundreds of such organizations, information sources, art/science collaboration support and educational programs promote, disseminate and interpret these new art activities. Many publications, books and articles focus on this concept, including: *Art in the Age of Technoscience* by Ingeborg Reichle, *At the Edge of Art* by Jon and Joline Blais Ippolito, *Information Arts: Intersections of Art, Science, and Technology* by Stephen Wilson, among others. *Hybrid* and *cross-media* are words mentioned frequently in dissertations and lectures about art, and in printmaking, the cross-media approach seems to be paradigmatic. The artists often transmit a message beyond a single media's limit, and then many examples arrive from artists, printshops, small publishing houses and university visual arts departments from all around the world.

[18] Excerpt from the description for the Whitney 2010 Biennial http://whitney.org/Exhibitions/2010Biennial/ScottShort

[19] The *Istituto Nazionale* is located in Rome, Palazzo Fontana di Trevi, and it is an institution that preserves the broader heritage of chalcographic plates together with prints, drawings and photos. http://www.grafica.arti.beniculturali.it/

[20] *Art is a political opportunity*, a conversation with Francesca Pietropaolo on Brooklyn Rail. www.brooklynrail.org/2010/09/art/art-is-a-political-opportunity

[21] Wikipedia http://en.wikipedia.org/wiki/Hybrid_arts

In Italy, a country rich in the engraving tradition, many artists are working with printmaking methods, and, in the last decade, there was an incredible improvement that coincided with the digital enrichment of the media. Drawing and all the implementation stages of the development of "traditional" printing techniques such as drypoint, woodcut, relief print and etching have been reassessed and hybridized by other means. The trend is not to distinguish between traditional and new media, but to confidently utilize them according to the specific project. Maybe the progressive loss of importance of the uniqueness as a feature of artwork in favour of its reproducibility, in some degree due to new media, has created a keen substratum for rethinking printmaking. The advent of new technologies, and the widespread diffusion of computers and digital devices, has sparked new interest in the production of prints, which has generated enthusiasm as never before.

Well-established institutions with rich traditions, such as academies of fine art, have since 2004 introduced new departments such as schools of graphic art that offer a wide variety of courses that correspond to their local background. The Academy of Fine Arts of Brera in Milan is considered to be of high quality and the best in Italy for contemporary art. It is located in the center of the city in same historical building of Pinacoteca Museum (Pinacoteca di Brera), which hosts the city's most important collection of masterpieces including Botticelli, Caravaggio, Hayez, Leonardo da Vinci, Mantegna, Picasso, Rembrandt, Rubens, Tiepolo, Tintoretto, Titian, Veronese and many others.

Brera Academy and Milan are at the center of the new graphic artworks' rebirth. Among many students and alumni who are working and developing their artistic projects, Kaori Miyayama and Alessandro Di Pietro have developed interesting projects from the suggestions and basis of printmaking and multiple. Di Pietro recently showed his project *i.m.e.n.(s)i.m.e.n.* during *Lab of Labs*[22] in the Triennale Bovisa, in October 2010. The project revolves around the concept of island, multiple and print, involving the viewer with the addition of his autographic on final prints. The shape of two islands were computer manipulated to form a unique variable black form, the outputs of x number of isles were printed on white cardboard with a toner machine, than chosen and completed by the viewers. *Equus asinus* is an artwork, from a series on fantastical animals, which reflects on aspects of seriality. This is a *cliché-verre* series on photosensitive fine art paper, composed of modular blocks-paper 20 by 20 cm, which is installed to conform to the individual exhibition space. Kaori Miyayama,[23] a Japanese artist residing in Italy, unites East and West tradition in her sensitive artworks, which involve and mix digital and woodcut prints,

[22] http://www.triennale.org/index.php?idq=1294&lang=IT_it

[23] http://www.studioetcetera.com/kaori/

etching, gum print and collages on Japanese paper and transparent fabrics, as seen in her last show in the evocative San Carpoforo Church (a former church now a venue for art exhibitions) in November 2010 in Milan. Her work moves into the ambiguous territory between realty and fiction, visible and invisible, mutable and immutable, analyzing the indefinable traces amid opposite elements in the passage of time. In her artist's books, the intention to open the artwork to the third dimension and the correlation between space/time and viewer are clear, as the traditional print on the wall is not interesting for Miyayama, the mix media's blurred edges try to communicate new space/time forms.

Among the different and elaborate projects developed by artists and professors of Brera, the unusual, unconventional print machineries in Riccardo Galleni artworks stand out: the electronic variable speed router and the Roland EGX-600 engraving machine. For the project *Rami*, Galleni started with a pencil drawing on paper, which he photographed digitally, then re-mastered it using imaging software to create a 3-D slate matrix, of which he took a graphite frottage on Asian paper. From that, he created a series of diptychs that combining *frottage* and woodcut print. Trained as a sculptor and printmaker in Pietrasanta, Galleni began work in 1978 on a series about shadows titled *Mano*, using drypoint on copper as a first step. Today he is developing this idea along the barely visible traces that digital machinery leaves on zinc plates.

Daniela Lorenzi is a professor in Brera, who specializes in printmaking and has numerous international experiences, most of them in Brazil and Canada. She describes herself as an "itinerant" professional consultant that provides ad-hoc technical advice under the name A14.[24] Lorenzi embodies a new essential figure in Italian panorama, which goes beyond the traditional role of the master printer. She has 15 years of experience in the planning and realization of art projects with the production of limited editions, artist's books and research projects that combine traditional printmaking techniques with new digital technologies.

Another Brera professor who unites different specific professionalisms is Virgilio Vecchio.[25] A professor of Chemistry in the Department of Restoration, but also trained as a visual artist, Vecchio finished in 1998 a project titled *Impronte facciali su acciaio specchiante* that utilized seven mirrored steel plates (13 x 10 x 1,5 cm) each bearing a print of his face that was obtained from direct contact with the surface prepared with etching stop-out varnish and then etched to reach a significantly rough surface. The work was presented as a wall installation.

[24] http://www.a14.br.com/it

[25] http://virgiliovecchio.wordpress.com/

Moreover, there are printshops that have a great "conventional-print" tradition such as the *Stamperia I torchi del Foglio* in Milan with its newly establish branch 74\b, where different techniques mingle and where sitting next to the traditional printing presses is the latest Epson large format printer, and where a rich variety of fine art papers from specific digital print paper to Japanese and Sicilian traditional handmade papers are kept. They offer a different point of view for artists who are searching not only for digital experts, but professional masters who are able to speak multiple "languages."

Furthermore, we see a growing number of small publishing houses that have built on the work of Alberto Casiraghi for *Pulcino Elefante Edition*. Located in Osnago, a small town near Milan, this uncommon publisher can boast collaboration with poets such as Alda Merini and artists such as Bruno Munari, as well as young and unknown authors. We would need a separate chapter to describe all the initiatives, performances and educational events that *Pulcino Elefante* did to generate love for beautifully printed books, art and poetry. His peculiarity is his close, personal contact with artists and poets, and his old-fashion workshop with wooden and movable lead type, metal plates and old tools. No computer, no internet, no mobile phone, not for snobbery, but, as he said, "simply because it is not necessary: a lot of friends come here, my entire world is inside my laboratory, this is perfect." And after about 8,000 editions and numerous exhibitions in Italy and abroad, it might be a problem to reply to emails alone!

Interesting and new is a move toward the expressive quality of media, instead of a mere technical "update to show technical tricks."[26] To turn to print as a conscience choice is perhaps the real news in a digital-globalized art world. An example comes to us from theater, too. In 2009, during the staging of *Le disgrazie d'amore*, a baroque opera by Antonio Cesti, under the direction of Stephen Medcalf during the concert season of the *Scuola Normale Superiore* in Pisa,[27] the costume designer, Massimo Poli, decided to use hand-printed, colour-serigraphy for the costume of Amicizia, the main character. The costumes featured a series of faces, done in Warhol-style and serigraphed on white silk. The result was a powerful interaction among the dress design, the baroque style, the hand-pulled print and the colorful tulle's flounce emerging from the underskirt. Laser, digital and the diverse industrial (high-quality) prints were deemed inappropriate for that special occasion.

The new method for printmaking and art is to blur the edges, the spectrum of our expressive vocabulary is broader than just five years ago; it reaches from the iPhone and iPad's wide range of creative

[26] *Printmaking: A Colony of the Arts* by Luis Camnitzer, available on Internet at Text Archive of the Melton Prior Institute for Reportage Drawing, 2006

[27] http://www.sns.it/en/attivitaculturali/concerti/

applications, such as Sketch Book or Thicket, which unites music and graphic signs, and the well-known Brushes application used by David Hockney for his iPhone pictures,[28] to the old, simple etching needle, the possibility to form new words and speak new languages has increased drastically.

The idea can come from a simple snapshot from a mobile phone's digital camera taken en passant and then realized and re-elaborated with different media across computer, metal plates, chalcographic press, printer and so on. Besides questions of technique or media, the issue centers on the message artists are trying to convey. With these new fonts we have an incredible opportunity to form new words to express and to share something new, as Rosalind Krauss suggests in her book, *Reinventing the Medium*. Moreover, in *Si fa con tutto. Il linguaggio dell'arte contemporanea*,[29] the hot-off-the-press book by the notable Italian art critic Angela Vettese, she states, "It is not true that contemporary art no longer requires any technical skill and rests on the provocative principle of ready-made. On the contrary, today more than ever, not only to an artist ... is required, to slide between different skills. A continuous overlapping of factors gives form to a thought. The counterpoint to this freedom, however, is that you have different skills and act with precision, realizing and developing projects with a variety of expertise."

It's not surprising that we find in catalogs of printmaking competitions, such as the eminent International Print Triennial in Kraków, print installations or digital prints next to etchings, color woodcut, polymer-intaglio and linocut. Everywhere a wide range of print-based media works are realized around the concept of a relationship to printmaking and artists seek "an approach that comes from the materiality of the medium itself and not from the ability to reproduce something that is outside of the medium,"[30] because any single medium has different characteristic and it is not possible to translate it into any other.

So, what constitutes printmaking today? Is it when we have a matrix, ink and a support? If the artist is the man of his time, in our digitized world, can a digital file be considered a matrix or not? "I have no problem with considering a digital file a matrix. To do otherwise is to hold back the future and to deny the accessibility of printmaking tools that the digital world offers to more people than the traditional techniques ever could," said Richard Noyce, visual arts connoisseur and print specialist.[31] Moreover, we live in a world where digital image and reality are almost indistinguishable, the debate is open and the research continues ...

[28] *David Hockney's iPhone Passion* by Lawrence Weschler in NYBooks on October 22, 2009

[29] *Si fa con tutto. Il linguaggio dell'arte contemporanea* by Angela Vettese, Laterza, 2010

[30] Hans Dieter Huber, text in *Print. Internationale Grafik Triennale, Krakau-Oldenburg-Wien*, catalog, 2007

[31] *Intervista con Richard Noyce, la stampa d'arte oltre i limiti* by Printshow.it, September 2010 www.printshow.it/cont/160910b.asp

Das Exchange-Portfolio als relationale Kunstform

Beauvais Lyons

Das Exchange-Portfolio ist eine Mappe von Druckgrafiken, oft mit einem gemeinsamen Thema, die innerhalb einer Gruppe von KünstlerInnen ausgetauscht wird. Die TeilnehmerInnen können alle in der gleichen Stadt oder Gegend leben, aber weil Druckgrafiken leicht zu transportieren sind, vereint das Portfolio auch immer öfter TeilnehmerInnen aus verschiedenen Bundesstaaten, Ländern oder sogar Kontinenten. Dieser Artikel bespricht das Exchange-Portfolio als relationale Kunstform und als Teil einer Schenkökonomie unter DruckgrafikerInnen. Ich werde auf die Geschichte des Druckgrafik-Portfolios eingehen und auf etliche Anwendungsmöglichkeiten, wie die, es als Lehrmittel und Präsentationsform zu verwenden und Arbeiten von KollegInnen professionell zu beurteilen.

In den letzten drei Jahrzehnten sind Exchange-Portfolios in der Welt der Druckgrafik sehr gebräuchlich geworden, insbesondere in den Vereinigten Staaten. Im Auftrag der Mid-America Print Council Conference 2010 in Minneapolis, Minnesota (USA) wurden 429 DruckgrafikerInnen befragt. Zwischen 2007 und 2010 beteiligten sich 47,1% der DruckgrafikerInnen an zwei bis vier Exchange-Portfolios, zusätzlich 24% an fünf oder mehr Portfolios im selben Zeitraum. Nicht mehr als 14,7% der DruckgrafikerInnen gaben an, während dieser drei Jahre an keinem Exchange-Portfolio teilgenommen zu haben. Diese hohe Beteiligung zeigt, dass Exchange-Portfolios heute in der Welt der Druckgrafik eine bedeutende Rolle spielen.

Bezogen auf das, was Nicolas Bourriaud relationale Kunst nennt, können wir das Exchange-Portfolio eher als relationale Handlung sehen denn als relationale Kunst. Wie sollen wir nun diese relationale Handlung beurteilen, wenn sie sich innerhalb einer Gruppe von KünstlerkollegInnen abspielt? Die menschlichen und sozialen Dimensionen relationaler Kunst, manchmal auch als relationale Ästhetik bezeichnet, verdienen wohl nähere Betrachtung, haben doch ungefähr drei Viertel der in der Survey of Printmakers 2010 Befragten angegeben, dass sie sich an sozialen Netzwerken beteiligen, von *Facebook* bis zu *Inkteraction*. Das Exchange-Portfolio, ein Weg des künstlerischen und sozialen

Austausches, ist allerdings nicht Teil eines körperschaftlich gesteuerten Netzwerks im Internet. Warum also beteiligen sich so viele DruckgrafikerInnen sowohl an Exchange-Portfolios als auch an sozialen Plattformen? Ist das Exchange-Portfolio eine Art Schenkökonomie oder ein System des Tauschhandels? Fördert der vervielfältigte Druck den Kollektivismus unter KünstlerInnen oder sind KünstlerInnen an kollektiven Werten interessiert und fördert der Druck soziale Kontakte? Wenn etwas davon zutrifft – verändert das unsere Sicht auf diese Handlung? Und schließlich, zeigt uns die Betrachtung dieser Fragen die Stärken und Schwächen eines bestimmten Portfolio-Projektes? Nicht alle diese Fragen werde ich in diesem Artikel beantworten, jedoch denke ich, dass einige der unten ausgeführten Beispiele und Gedanken gewisse Schlüsse zulassen.

Nicolas Bourriauds relationale Ästhetik, die er in den späten 1990er Jahren vorstellte, bietet ein Modell für Kunst an, das den Modernismus von einem autoritären System, „von oben nach unten", gelenkt von einer Regierung, akademischen oder körperschaftlichen Systemen, umformt zu einem, das von unten nach oben wirkt und größeres Engagement des Bürgers oder der Kommune mit sich bringt. Bourriaud stellt die These auf, dass KünstlerInnen, die sich seit jeher mit der Beziehung des Menschen zum Göttlichen oder des Menschen zum Objekt beschäftigen, sich nun „in einem künstlerischen Tun finden, das sich schließlich auf die Sphäre der zwischenmenschlichen Beziehungen konzentrieren wird." Öffentliche Selbstdarstellung, Recycling, Gemeinschaftsgärten, Fahrgemeinschaften, Wikipedia und die sozialen Plattformen im Internet sind alles Beispiele für dieses aufs Soziale fokussierte Ethos in unserer spätkapitalistischen Kultur. Die relationale Kunst legt Wert auf neue Wirtschaftsformen des Kunstschaffens und -konsums und betont kulturelle Arbeit, die tatsächlich demokratisch, kollaborativ, egalitär und an sozialen Abläufen und Systemen interessiert ist.

Bourriaud nennt Beispiele für die relationale Ästhetik aus verschiedenen Quellen, von denen die „Social Performances" und Objekte des deutschen Künstlers Joseph Beuys in den 1970er Jahren nicht die geringsten sind. Beuys betrachtete sein Tun in vielerlei Hinsicht als schamanistisch, es lag ihm weniger am dinglichen Kunstwerk als zeitlosem Objekt, denn an dem Artefakt eines erlebten Ereignisses oder Vorgangs. Beuys' Druckgrafiken und photografische Arbeiten spiegeln diese Werte wider, betonen eine fließende Wechselwirkung zwischen Kunst und Leben, Idee, Erfahrung, sozialen Beziehungen und Zusammenarbeit. Seine Drucke spiegeln oft seine Aktionen und Performances wider, aber auch sein Interesse an Ephemera, von Plakaten bis zu Etiketten für Bierflaschen.

Als Beispiel für die relationale Druckgrafik werden oft die Werke des kubanischen Künstlers Felix Gonzales-Torres genannt, der die Galerie zum Verteilen seiner Drucke und anderer Multiples nutzte. Wie Beuys, dessen Aktionen auf sozialen und ethnografischen Theorien fußten, war Gonzales-Torres an Kunst als Mittel zu Kommunikation und gemeinsamen sozialen Erfahrungen interessiert.

Relationale Kunst bedeutet einen alternativen Weg der Produktion. Beispiele sind die Aktivitäten der Fluxus-Gruppe, einer internationalen Gemeinschaft von Künstlern, Architekten, Komponisten und Designern, von George Maciunas in den 1970er Jahren gegründet. Die Mitglieder von Fluxus kooperierten bei zahlreichen Druckwerken, die oft die Form von „Flux-Kits" annahmen, und anderen vielteiligen, kollektiven, kooperativen Publikationen. 2002 beschreiben Bruce Barber und Jeff Dayton-Johnson in einem Artikel in Parachute solche Arbeiten als „kreative Strategien wider die Kommodifizierung". Sie schreiben:

„Wie ist diese soziale Funktion mit der Wirtschaft verbunden? Die Wirtschaftsforschung hat sich in jüngster Zeit mit der wichtigen Rolle eines sozialen Zusammenhalts in der Wirtschaftsgebarung beschäftigt. Die Wirtschaft ist ein komplexes System, das generell auf einem Minimum kooperativen Verhaltens fußt, sogar in der vermeintlich markt- und wettbewerbsorientierten Wirtschaft, die mit dem Terminus ‚Globalisierung' bezeichnet wird. Eine kooperative Infrastruktur verlangt ein gewisses Ethos der Handelnden innerhalb des Systems. Unser schematisches Modell nimmt an, dass kulturelle Aktivität dieses gemeinsame Ethos nährt, und dieses wieder zum wirtschaftlichen Fortschritt beiträgt. Das ist plausibler, wenn kulturelle Aktivität über die Massenmedien oder die Kulturindustrie vermittelt wird (z.B. Rundfunk, Presse, Tonträger oder Filme)."

Betrachtet man relationale Kunst durch die Optik der Wirtschaft, findet man Beispiele für Bourriauds Theorien in Lewis Hydes Buch von 1983 *The Gift: Imagination and the Erotic Life of Property* (deutsch: Die Gabe – Wie Kreativität die Welt bereichert), 2007 in neuer verbesserter Auflage erschienen. Lewis Hyde untersucht mittels Anthropologie, Ökonomie, Psychologie, Kunst und Märchen, welche Rolle Geschenke in unserer emotionalen und bürgerlichen Existenz gespielt haben und immer noch spielen. Hyde stellt fest, dass ein Kunstwerk zwar ge- oder verkauft werden kann, sein grundlegender Wert jedoch nichts mit seinem Marktwert zu tun hat. Hyde bietet das Modell eines Wirtschaftssystems, in dem Güter und Dienstleistungen vornehmlich ohne explizite Festlegung des *quid pro quo* ausgetauscht werden. Unter Geschenken versteht Hyde sowohl Gegenstände als auch immaterielle Gaben – Talente und Inspirationen, wie „eine Begabung für Musik" oder „für Mathematik". Hyde schreibt: „Ich wollte [...] von der inneren Gabe, die wir zum Gegenstand unserer Bemühungen machen, und der äußeren Gabe, die ein Träger der Kultur ist, sprechen." Beispiele für Schenkökonomie sind auch das Benutzen eines einzelnen Objektes durch mehrere Konsumenten, was Car Sharing einschließen würde, die gemeinsame Nutzung einer Druckerpresse oder eine öffentliche Bibliothek.

Mein Kollege Jeff Kovac von der Universität Tennessee, Institut für Chemie, hat über die Wissenschaft als Schenkökonomie geschrieben. Aufbauend auf Lewis Hydes These spricht Kovac einige der ethischen Fragen an, die aus der zunehmenden Kommerzialisierung wissenschaftlicher Erkenntnisse resultieren. Kovac behauptet, dass die reine Wissenschaft Teil einer Schenkökonomie ist, eine Wirtschaft, die mehr auf wissenschaftlichen als auf ökonomischen Werten fußt. Für Kovac strebt der Wissenschafter nach Teilnahme an einer intellektuellen Schenkökonomie, welche dem Einzelnen Anerkennung und Prestige verleiht, der an seinem Beitrag zum Gedeihen seines Wissenszweiges bemessen wird. Dahingegen strebt die angewandte Naturwissenschaft, eine auf Geheimhaltung und Besitz orientierte Disziplin, nach Anhäufung von Vermögen mittels Schaffung geistigen Eigentums oder Patentrechten. Kovac behauptet, dass die angewandte Naturwissenschaft nur selten Nützliches zum Grundlagenwissen beiträgt.

Stephen Petersens Artikel vom Herbst 1995 in Contemporary Impressions, „Printmaking as a Medium of Exchange" (Druckgrafik als Mittel des Austausches) beschäftigte sich mit den Unterschieden zwischen Portfolios, die von KünstlerInnen, und jenen, die von Verlegern zusammengestellt wurden. Er vermerkte, dass das Zusammenstellen von Exchange-Portfolios vermutlich im späten 19. oder frühen 20. Jahrhundert durch Mitglieder von Drucker- und Fotografenkreisen in England und Schottland begann. Sie sollten der Öffentlichkeit technische Neuerungen, die Kunst des Druckens sowie Kreativität präsentieren. Die Edinborough Photographic Society hielt ihre Portfolio-Konferenzen für gewöhnlich zu Anfang der Saison ab, um Ideen auszutauschen und die technische und ästhetische Qualität der Arbeiten zu bewerten.

Petersen stellt fest, dass Exchange-Portfolios außerhalb des kommerziellen Galeriebetriebes gelegentlich als amateurhafte Publikationen angesehen werden – „Amateur" als ein Künstler, dem es an Professionalität mangelt. In diesem Kontext ist die Auffassung von Professionalität eindeutig eine kapitalistische, die daran gemessen wird, ob und wie der Künstler am Markt überlebt. Petersen führt weiter aus, dass das Word Amateur vom lateinischen Wort „amator" kommt, d.h.

„Liebhaber". Entspricht also der Künstler, der sich in der Schenkökonomie engagiert, dem Wissenschafter, den die Liebe zum Wissen motiviert? Und wieso beschränkt die Gesellschaft den Begriff Professionalität auf Arbeit, die finanziell entlohnt wird?

Howard Singerman bietet in seinem Buch von 1999 Art Subjects: Making Artists in the American University eine Definition für Professionalismus, die sich vom kapitalistischen Modell unterscheidet. Singermans Buch ist die erste umfassende Untersuchung zur Geschichte und Theorie professioneller Ausbildung zeitgenössischer KünstlerInnen in den Vereinigten Staaten. Singerman schildert die Entwicklung der Kunstpädagogik, von den Kunstakademien des 18. und 19. Jahrhunderts bis zum Beginn der Kunstausbildung an den modernen Universitäten. Im Kapitel „The Theory of the MFA" lässt Singerman uns überlegen, was der Titel MFA (Master of Fine Arts) bezeugt. Er fragt, ob ein abgeschlossenes Kunststudium einen Beruf bedeutet, erlernt in der Universität und draußen ausgeübt, wie Medizin, Jus oder Architektur, oder ob es ein akademischer Beruf ist wie Historiker oder Literaturwissenschafter.

Singerman schreibt: „Bei Kunstausübung, inner- und außerhalb der Universität, hängt das System der Belohnungen fast ausschließlich von fachlich geprägten Vorgängen ab, vom Nachlesen und Nachformen historischer Lehrsätze und Praktiken, die gegenwärtig zu Gebote stehen, d.h. das System der Belohnung in der Kunst entspricht dem der meisten Geisteswissenschaften an der Universität, geprägt vom Bild der Wissenschaft." (S. 195)

Er führt weiter aus: „Im Universitätsbetrieb kann Kunst weder ein Beruf noch eine Berufung sein. Um als Disziplin zu gelten, darf Kunst nicht mehr als Handwerk, Technik oder Fertigkeit, erworben in Zünften oder Lehren, definiert werden. Gleichzeitig kann sie sich nicht auf Inspiration und Expression beschränken; das geniale Schaffen kann nicht gelehrt, künstlerischer Ausdruck nicht eingetrichtert werden. Die Atelierkunst muss sich nicht nur vom öffentlichen Wissen und Handeln abheben, sondern sich – auch innerhalb der Universität – selbst formen." (S. 198)

Durch ihre Aufgaben, Arbeitsweisen und Materialien sowie ihre spezifischen sozialen, technischen, geschichtlichen Dimensionen hat sich die Druckgrafik für den akademischen Beruf qualifiziert. Das Druckgrafik-Netzwerk, bestehend aus Wettbewerben, internationalen Biennalen, Workshops, Vereinen, Konferenzen und Exchange-Portfolios, gibt Zeugnis davon. Druckgrafik kann transportiert und vervielfältigt werden; auch das qualifiziert den Druckgrafiker für den akademischen Beruf. Das Exchange-Portfolio ist ein Aspekt des akademischen Berufs, kann aber auch als Teil einer unabhängigen beruflichen Praxis für KünstlerInnen, die nicht in das Universitätssystem und seine Strukturen eingebunden sind, von Wert sein. Als Beispiel mögen da etwa die Aktivitäten des Künstlerkollektivs „Just Seeds" (http://justseeds.org/) dienen, eines 1998 gegründeten dezentralen Netzwerks von 26 KünstlerInnen aus den USA, Kanada und Mexiko, die „sich einer Druckgrafik und einem Design verschrieben haben, die einen radikalen Standpunkt in sozialen, politischen und Umweltfragen einnehmen". Für Organisationen wie Just Seeds sind kollektive Portfolios ein Weg, die gemeinsamen politischen und kulturellen Ziele zu verfolgen.

Leslie Koptchos Artikel vom Herbst 1997 „The Exchange Portfolio: More than the Sum of its Parts" (Das Exchange-Portfolio: mehr als nur die Summe seiner Teile) bietet eine aufschlussreiche Beurteilung der gegenwärtigen Usancen. Die Autorin meint, dass „DruckgrafikerInnen aufgrund der kollektiven Grundstimmung immer Grafiken ausgetauscht haben, aber noch nie mit der Intensität wie in den letzten acht Jahren." Die Form des Portfolios ist (wie die Druckgrafik selbst) zweifelsfrei eine Mischform, angesiedelt zwischen dem Buch und der Kunst an der Wand. Koptcho schreibt, „Im Gegensatz zum herkömmlichen Buch haben sie (die Portfolios, BL) keinen roten Faden des Erzählens." Als es gebräuchlich wurde, Portfolios zusammenzustellen, wurden nach Koptcho „die für die Portfolios geschaffenen Grafiken plastischer, ja, waren fast schon Objekte. Das mag auf die neue, erweiterte Definition von Druckgrafik hinweisen."

Drucke werden seit Jahrhunderten im Tauschhandel verwendet. Albrecht Dürer soll seine Drucke gegen die Werke anderer Künstler eingetauscht haben. Gedrucktes, Vervielfältigtes war immer eine Art Währung, die den Austausch von Ideen oder Einflüssen ermöglichte. Wenn dieses Modell von Kollektiven und nicht nur von Einzelpersonen angewandt wird, kann es sehr wirkungsvolle ökonomische Produktions- oder Tauschsysteme ins Leben zu rufen.

In dieser Hinsicht zeigen die Portfolios, die die „Brücke"-KünstlerInnen zusammengestellt haben, interessante Parallelen zum zeitgenössischen Exchange-Portfolio. Zwischen 1906 und 1912 veröffentlichten die aktiven Mitglieder der Gruppe alljährlich eine Anzahl von Druckgrafiken oder „Jahresmappen" für ihre Subskribenten, die sie „passive Mitglieder" nannten. Die Mitglieder der „Brücke" waren zugleich Künstler, Drucker, Herausgeber und Organisatoren dieser Projekte. Die passiven Mitglieder, zumeist prominente Architekten, Ärzte etc. konnten ein Portfolio um 12 bis 25 Deutsche Mark erwerben.

Die Gruppe konnte mit diesen Projekten Geldmittel beschaffen und ihre Werke außerhalb des Galerie- und Ausstellungsbetriebes bekannt machen.

Die Portfolios der „Brücke" spiegelten das gemeinsame Atelier und das gemeinsame Arbeiten wider. Sie sahen sich als Mitglieder einer mittelalterlichen Zunft, die Arbeit und Eigentum miteinander teilten. Oft entstanden die Arbeiten kooperativ, mit gemeinsam gestalteter und gedruckter Titelseite. Ein primärer Zweck war es, den Ruf der „Brücke"-Mitglieder zu fördern. Dieser Geist des Austauschens, der Zusammenarbeit und des gegenseitigen Beistandes ist noch immer Teil vieler heutiger Portfolios.

Heute können Exchange-Portfolios einem ähnlichen Zweck dienen, insbesondere wenn zusätzliche Exemplare für Ausstellungen oder Museen produziert werden. So dient das Exchange-Portfolio der Promotion außerhalb der konventionellen Kunstszene. Da gibt es das Portfolio „Drawn to Stone" (Gezeichnet auf Stein), das Tom Christison, derzeit Universität von Iowa, und ich 1998 für die Southern Graphic Conference an der Ohio Universität in Athens zusammengestellt haben. Zu diesem Projekt haben wir 27 bekannte zeitgenössische LithografInnen eingeladen, zur Feier des 200. Geburtstag der Lithografie Drucke in einer Auflage von 30 Stück zu liefern. Für Museen wurden drei Mappen hergestellt, die sich jetzt im Kennedy Museum of American Art, Universität von Ohio, im Smithsonian Museum of American Art in Washington, DC, und im Whitney Museum of American Art in New York City befinden. Zusätzlich befindet sich das Portfolio des am Projekt beteiligten Künstlers William Walmsley als Teil der Schenkung aus seinem Besitz im Florida State University Museum of Fine Arts.

Das „Baseball Portfolio" ist interessant in seiner Rolle als Museumsgabe, die zwölf StudentInnen gemeinsam mit ihrer Fakultät an der Arizona State University 1981 zusammengestellt haben. Der Anlass war unser freitägliches Softball-Spiel. Wir druckten 13 Exemplare dieses Portfolios und ein zusätzliches für die National Baseball Hall of Fame and Museum, Inc. in Cooperstown, New York. Dieses Projekt spiegelt unser gemeinschaftliches (relationales) Engagement in diesen allwöchentlichen Spielen wider.

Das Unterbringen von kollektiven Portfolios in Museumssammlungen ist ein interessantes Thema. Karl Wirsum, Gladys Nilsson, Jim Nutt und andere Mitglieder der Gruppe „Hairy Who" in Chicago stellten in den 1960er Jahren Gruppenportfolios zusammen. Sie alle waren frischgebackene AbsolventInnen des SAIC und so gut wie unbekannt.

Ester Sparks, stellvertretende Kuratorin für Druck und Grafik am Art Institute Chicago, erkannte den Wert eines solchen Unterfangens und kaufte ein Portfolio trotz der Bedenken des Kurators Harold Joachim für die Sammlung an. Heute ist das Portfolio ein wichtiges Beispiel der Chicago Imagist Art.

Ein weiteres Exchange-Portfolio hat ein ganz anderes Schicksal. Linwood Kreneck organisierte 1998 „Color Print USA", ein Portfolio anlässlich des 25-jährigen Jubiläums der jährlichen Ausstellung gleichen Namens an der Texas Tech University. Kreneck lud 50 KünstlerInnen, eine/einen aus jedem Staat, je eine großformatige farbige Druckgrafik-Auflage zu schaffen, zum wechselseitigen Austausch. Die Liste der KünstlerInnen, darunter Wayne Kimball, Judith Brodsky, Leslie Koptcho, und die Fülle der Grafiken, u.a. ein seltener kollektiver Druck von Warrington Colescott und Francis Myers, waren eindrucksvoll. Die 50 Portfolios wurden in allen Staaten gleichzeitig präsentiert, mit allen Eröffnungsempfängen am selben Wochenende. Mark Pascale, stellvertretender Kurator für Druckgrafik am Art Institute, schrieb einen Essay über die Arbeiten, zu denen auch ein Ausstellungskatalog in Farbe erschienen war. Eines der Portfolios war für das Art Institute in Chicago bestimmt. Leider konnte sich die Leitung trotz Mark Pascales Unterstützung für das Projekt nicht mit dem Gedanken anfreunden, das Portfolio in die Sammlung aufzunehmen. Dieses Beispiel zeigt, dass ein eigenes Museum für diese Kunstform angebracht wäre.

Das Konzept der Exchange-Portfolios entwickelt sich weiter, und es freut mich, dass die meisten Portfolios heute ein gemeinsames Thema als konzeptionellen Mittelpunkt haben. Ein Thema kann KünstlerInnen mit einem gemeinsamen Anliegen zusammenbringen, insbesondere wenn der Organisator die TeilnehmerInnen nach einer öffentlichen Ausschreibung auswählt. Es wird immer gebräuchlicher, Portfolios im Zusammenhang mit dem Generalthema einer Konferenz für Druckgrafik zusammenzustellen. Sie geben dem Konferenzprogramm Gewicht, da es nicht nur Podiumsdiskussionen und Präsentationen bietet, sondern auch speziell für die Veranstaltung geschaffene Kunstwerke. Die Portfolios stellen eine nachhaltige Dokumentation dar, wohingegen Programme oft nur Ephemera sind.

Mit einem Portfolio können auch konzeptuelle und formale Kunstbegriffe angesprochen werden. 1998 hat Tim Dooley, als er noch an der University of Tennessee war, das Exchange-Portfolio „Big Scarey Frontal Freakin' Skullheads" initiiert, das mir ganz besonders gefällt. Die Prämisse dieses Portfolios ist, dass jede Kunstrichtung ein Klischee, ein höchst banales Thema hat. Für die Keramik ist es der

BIBLIOGRAFIE

Barber, Bruce and Dayton-Johnson, Jeff: „Marking the Limit: Re-Framing a Micro-Economy for the Arts", *Parachute: Contemporary Art Magazine*, April 1, 2002

Bourriaud, Nicolas: *Relational Aesthetics*. Dijon: Les presses du réel, 2002

Hyde, Lewis: *The Gift: Imagination and the Erotic Life of Property*, Vintage Books, 1983, also re-published with the alternate subtitle „Creativity and the Artist in the Modern World" in 2007 (deutsch: Lewis Hyde, Die Gabe: Wie Kreativität die Welt bereichert, Frankfurt/Main, S.Fischer, 2008, ISBN 3100318404)

Aschenbecher, für die Malerei das Bild von der Scheune oder vom Kätzchen im Korb. Für die Druckgrafik, eine der „dunklen Künste", steht der Totenschädel. Dieses Portfolio, zu dem bekannte DruckgrafikerInnen und StudentInnen der University of Tennessee, Knoxville, war für Dooley der Weg, einen Übergang zu schaffen zwischen seiner Rolle als Student und seinem Berufsleben nach dem Abschluss. Heute ist Dooley Gastprofessor für Kunst an der University of Northern Iowa und organisiert nach wie vor Portfolios mit interessanten und aufregenden Kunstthemen. Das jüngste trägt den Namen „Head Shot" (Kopfschuss) und wurde 2010 auf der Mid-America Print Council Conference in Minneapolis, Minnesota präsentiert. Das Projekt findet sich im Internet unter: http://www.redrocketgallery.com/current.html.

Exchange-Portfolios gehen Hand in Hand mit den gemeinsamen und kollektivistischen Idealen utopistischer oder Avantgarde-Bewegungen. Einige zeitgenössische Exchange-Portfolios bauten darauf mit Erfolg auf. Oscar Gillespie and Larry Schuh stellten 1992 das „Tattooed Corpse"-Portfolio zusammen. Fußend auf „Cadavre exquis", dem Gesellschaftsspiel der Surrealisten, enthielt dieses Portfolio Radierungen auf Zinkplatten von 15 Künstlern, alle Platten wurden in drei Teile geschnitten und willkürlich an die anderen Künstler versandt. Die Teilnehmer erhielten einen vagen Schlüssel zum Zusammensetzen der drei Plattenteile, dabei ergaben sich, ebenso wie beim Gesellschaftsspiel, überraschende visuelle Zusammenhänge. Jeder Künstler behielt das obere Drittel seiner Platte und druckte seine Auflage, indem er es mit dem mittleren und unteren Drittel von den Platten anderer Künstler kombinierte. Das ist ein Beispiel für ein Exchange-Portfolio, das das ureigene Potenzial der Form in den Vordergrund stellt, und, wie so viele andere Exchange-Portfolios auch, guten Gebrauch von Zustelldiensten wie UPS, DHL und Federal Express macht.

Die Exchange-Portfolios nehmen immer mehr Raum in den Lehrplänen für Druckgrafik ein. Die zahlreichen Portfolios, die ich über die Jahre zusammengestellt habe, sind wertvolle Lehrstücke aus erster Hand, die der Lehrkörper den StudentInnen vorlegen kann. Darüber hinaus können Exchange-Portfolios Teil der Klassenarbeit sein. Koptcho schreibt in ihrem Artikel von 1997: „Den Arbeiten der Studenten mangeln wohl manchmal Erfahrung und Technik des arrivierten Künstlers, allerdings gibt da es die Leidenschaft und den Optimismus der Jugend. Der Austausch von Portfolios ist ein Prüfstein für die Ausdauer und das Leistungsvermögen des künftigen Künstlers." Wie andere Lehrer auch habe ich AnfängerInnen und höhere Klassen Portfolios zusammenstellen lassen und stimme mit Koptcho bezüglich deren pädagogischen Wertes überein. Allerdings: Wenn die Teilnahme an einem Portfolio Teil einer Klassenarbeit ist, bedeutet das eine

Koptcho, Leslie: „The Exchange Portfolio: More than the Sum of its Parts", *Contemporary Impressions*, Fall 1997, Volume 5, number 2.

Kovac, Jeff and Coppola, B.P.: „Universities as Moral Communities", *Soundings: An Interdisciplinary Journal*, Volume 83 (3-4), 765, 2000

Petersen, Stephen: „Printmaking as a Medium of Exchange", *Contemporary Impressions*, Fall 1995, Volume 3, number 2

Singerman, Howard: Art Subjects: *Making Artists in the American University*, University of California Press, 1999

Veränderung der Natur und des Zweckes der Schenkökonomie. Als ich die Arizona State University Anfang der 1980er Jahre abschloss, initiierten die Studierenden selber die Portfolios. Kann es sein, dass diese Rolle heute nur allzu oft von den Fakultäten übernommen wird?

Heute bin ich wählerischer, was meine Teilnahme an Exchange-Portfolios betrifft, nehme aber noch immer alljährlich an ein bis zwei teil. Ich sehe diese Portfolios nicht nur als Teil einer Tauschwirtschaft, sondern als die Gelegenheit, durch einen gemeinsamen Tausch Teil einer Gruppe von FachkollegInnen zu sein. Das Exchange-Portfolio ist der ideale Weg, die Arbeit der KollegInnen kennenzulernen, denn KünstlerInnen, deren Arbeit nicht die erforderliche Qualität aufweist oder die im Ruf stehen, ihre Auflagen nicht zeitgerecht zu drucken, werden nicht zur Teilnahme an den besten Portfolios eingeladen. Für jüngere, aufstrebende KünstlerInnen haben sie zweifelsohne den Wert, dass Systeme zur gegenseitigen Unterstützung und Verteilung aufgebaut werden, und in dieser Hinsicht hat das Exchange-Portfolio das Potenzial zu größerer professioneller Nachhaltigkeit als viele private Galerien. Allerdings zehren sie auch an den Mitteln der KünstlerInnen, und ohne die Unterstützung von KunstsammlerInnen, genau wie seinerzeit von den Förderern der „Brücke", die die Jahresmappen erwarben, können sie für die TeilnehmerInnen eine finanzielle Belastung darstellen.

INTERNET

DruckgrafikerInnen wurden ersucht, einen kurzen Abriss mit kreativer und technischer Information, beruflicher Praxis, Theorie, Geschichte und Bibliografie zu liefern. Die Resultate wurden als Teil der 2010 Mid-America Print Council Session „New and Old Generations: Teaching Printmaking", Vorsitzende Jack Damer, University of Wisconsin-Madison, und Beauvais Lyons, University of Tennessee, Knoxville veröffentlicht. Ein Artikel mit der Analyse der Befragung wird in der Frühjahrsausgabe 2011 des *MAPC Journal* erscheinen. Nachstehend ein Link zu einer 14-seitigen pdf-Datei mit den Resultaten der Befragung: http://art.utk.edu/printmaking/resources/2010%20Printmaking%20Survey%20Results.pdf

Das Exchange-Portfolio kann eine Gruppe geistesverwandter KünstlerInnen zweifelsfrei voranbringen. Dies galt für die Mitglieder der „Brücke" und „Just Seeds" ebenso wie für die Gruppe von LithografInnen mit ihrem „Drawn to Stone"-Portfolio, die jetzt in der Sammlung des Whitney Museum of American Art in New York arbeiten. Der Mensch ist ein soziales Tier, und die Arbeit an diesen kollektiven Unternehmungen mag uns helfen, in der Welt der Kunst zu überleben. Das Bedürfnis, relationale Kunst zu schaffen, mag Teil unserer Natur sein. Unsere Überlebenschancen als Individuen und als Gruppen werden größer durch unsere Fähigkeit, an solchen Projekten gemeinsam zu arbeiten.

The Exchange Portfolio as a Relational Art Form

Beauvais Lyons

Exchange portfolios are the practice of creating an edition of prints, often sharing a common theme, for mutual exchange between a group of artists. While participants in exchange portfolios may be linked by a common city or region, given the portability of prints, increasingly they can involve participants from different states, countries or even continents. In this paper I will consider the exchange portfolio as a form of relational art and as part of a gift economy that links print media artists. I will also consider the history of the print portfolio as well as several outcomes from exchange portfolios, including its role as part of a sustainable professional practice based in principles of peer review, its application as both a teaching tool and as a exhibition system.

Over the past three decades exchange portfolios have become a major practice in the printed arts, especially in the United States. A survey of 429 printmakers conducted for the 2010 Mid-America Print Council Conference held in Minneapolis, Minnesota (USA) indicates that from 2007–2010, 47.1 percent of printmakers participated in two-to-four exchange portfolios with an additional 24 percent participating in five or more portfolios during the same period. In fact, only 14.7 percent of printmakers indicated that they did not participate in any exchange portfolios during this three-year period. This participation rate indicates that the exchange portfolio is a significant phenomena in the printed arts today.

As a form of what Nicolas Bourriaud calls relational art, we might regard the exchange portfolio as a relational act, stressing the verb to act rather than the noun the art. How might we consider this relational act when it is between a group of fellow artists? The human and social dimensions of relational art, sometimes called relational aesthetics are worth considering, especially since roughly three-quarters of the respondents to the 2010 Survey of Printmakers indicated that they participate in some form of social network, from Facebook to Inkteraction. While the exchange portfolio represents a form of artistic and social exchange that is not part of a corporately controlled network on the internet, what does it mean that so many printmakers are involved in both exchange portfolios and social media? Is the exchange portfolio a form of gift economy, or a system of barter? Does the printed multiple foster this collectivism among artists, or are artists interested in collective values and social relations attracted to the printed multiple? If it is one or the other, how does this change our understanding of the act? Finally, how might a consideration of these questions help us to assess the strength or weakness of any given exchange portfolio project? While I will not answer all of these questions directly in this paper, I do think conclusions may be drawn from some of the examples and ideas I address below.

Nicolas Bourriaud's relational aesthetics, which he first advanced in the late 1990s, offers a model for art that recasts modernism from a top-down authoritarian system dictated by government, academic and corporate systems to one that is bottom-up, a form that involves a greater level of civic and community engagement. Bourriaud makes the case that artists, who historically have stressed relations between humanity and the divine or between humanity and the object, are now engaged in an "artistic practice (that) will hereafter concentrate on the sphere of inter-human relationships." Self-publishing, recycling, community gardens, ride sharing, Wikipedia and social media on the internet may all be regarded as examples of this socially focused ethos in our late capitalist culture at-large. Relational art emphasizes new economies of cultural production and consumption and stresses cultural work that is intrinsically democratic, collaborative, egalitarian and concerned with social processes and systems.

Bourriaud draws precedence for relational aesthetics from a variety of sources, not the least of which is the social performances and objects of the German artist Joseph Beuys in the 1970s. Beuys regarded his practice, in many respects, as shamanic, concerned less with the physical work of art as a timeless object, but as an artifact of a lived event or process. Beuys' print and photographic works reflect these values, stressing a fluid relationship between art and life, idea and experience and social relations and collaboration. His printed works often reflected his social actions and performances as well as his interest in making ephemera, from posters to beer labels.

An example of the relational print that is often cited is the work of the Cuban artist Felix Gonzales-Torres, who used the gallery as a distribution point for his print works and other multiples. Like Beuys, whose practice has origins in social and ethnographic theories, Gonzales-Torres was concerned with the way that art is a medium for exchange and common social experiences.

Relational art represents an alternative economy of production. Precedence for this may be found in the activities of the Fluxus group, an international community of artists, architects, composers, and designers founded by George Maciunas in the 1970s. Fluxus members collaborated on numerous printed multiples, which often took the form of "Flux-Kits" and other multi-part, collective and collaborative publications. In a 2002 article in *Parachute*, Bruce Barber and Jeff Dayton-Johnson describe such works as "creative strategies to resist commodification." They write:

"How is this social function related to the economy? Recent economic research has focused upon the important role of social cohesion for economic performance. The economy is a complex system that relies fundamentally on a modicum of cooperative behavior, even in the putatively market-oriented, competitive economy that is the apparent terminus of the phenomenon known as "globalization." Such a cooperative infrastructure draws upon an ethos shared among the agents within the system. The schematic model we have in mind is that cultural activity nourishes that shared ethos, which in turn contributes to economic progress. This is easier to grasp in the case of cultural expression transmitted by the mass media or the cultural industries (e.g., broadcasting, publishing, sound recording or film production)."

Considering relational art through the lens of economics, one may find precedence for Bourriaud's theories in Lewis Hyde's 1983 book, *The Gift: Imagination and the Erotic Life of Property*, which was reissued as a second revised edition in 2007. Lewis Hyde uses anthropology, economics, psychology, art and fairy tales to examine the role gifts have played and continue to play in our emotional and civic life. Hyde asserts that while a work of art may be bought or sold, its fundamental worth stands apart from it market value. Hyde offers a model of an economic system in which the prevalent mode of exchange is for goods and services to be given without explicit agreement upon *a quid pro quo*. By gifts, Hyde means both material objects and immaterial talents and inspirations, such as "a gift for music" or "a gift for mathematics." As Hyde writes "I have hoped … to speak of the inner gift that we accept as the object of our labor, and the outer gift that has become a vehicle of culture." Examples of gift economies include the use of a single source by more than one consumer, which might include car sharing, joint use of a printing press or a public library.

My colleague, Jeff Kovac, from the University of Tennessee Department of Chemistry has written about science as a gift economy. Building on Lewis Hyde's thesis, Kovac addresses some of the ethical questions that stem from our increasing commercialization of scientific knowledge.

Kovac makes the case that pure science is part of a gift economy based on scientific worth rather than economic value. For Kovac, the scientist strives to participate in an intellectual gift economy that confers recognition and prestige upon individuals based on their contributions to advancing their discipline. In contrast, applied science, which is a secretive and proprietary activity, is motivated by the accumulation of wealth through the development of intellectual property and patents. Kovac makes the case that applied science seldom contributes in meaningful ways to fundamental knowledge.

Stephen Petersen's Fall 1995 *Contemporary Impressions* article "Printmaking as a Medium of Exchange," addressed the differences between artist-organized and publisher-organized portfolios. He notes that organized exchange portfolios appear to have begun in the late nineteenth or early twentieth century among members of print and photographic societies in England and Scotland. They served as a way to show-case technical innovation, craft of printing, and creativity. The Edinburgh Photographic Society usually held portfolio meetings at the beginning of the season, with a portfolio process that fostered the exchange of ideas as well as technical and aesthetic evaluations of the work.

Petersen notes that exchange portfolios existing outside of the commercial gallery system are sometimes regarded as amateur publications. The term "amateur" certainly denotes the idea of an artist who lacks professional skill. The concept of professionalism in this context is capitalist, measured in terms of the capacity to survive in the marketplace. Petersen also makes the case that the etymology of the word amateur comes from the Latin word "amator", meaning "lover." Is the artist who participates in gift economies like the scientist who is motivated by the love of knowledge? Additionally, why does society regard professionalism as limited to work that is financially compensated?

Howard Singerman's 1999 book *Art Subjects: Making Artists in the American University* offers a definition of professionalism that differs from a capitalist model. Singerman's book is the first comprehensive examination of the history and theory of professional education of contemporary artists in the United States. Singerman records the evolution of art pedagogy from the art academies of the eighteenth and nineteenth centuries to the inclusion of art programs in the modern university. In chapter seven "The Theory of the MFA", Singerman asks us to consider what the MFA degree certifies. He asks if graduate study in art is a profession learned in the university and practiced outside, like medicine, law or architecture; or if it is an academic profession like history or literary studies?

Singerman writes "Art practice, both in and out of the university, the system of rewards depends almost entirely on disciplinary procedures, on the rereading and reshaping of historicized propositions and practices as they inform the field in the present; that is, the system of rewards in art is that of most of the humanities in the university as they are cast in the image of science." (page 195)

Furthermore he writes, "On campus, studio art cannot be a calling or a vocation. To be included among the disciplines, art can no longer bear definition as a craft or technique, the fully trainable manual skill of the guild or apprenticeship. At the same time, it cannot be purely inspirational or simply expressive; the work of genius cannot be taught or self-expression tutored. Studio art must not only differentiate itself from public knowledge and practices but also constitute itself within the university." (page 198)

The function, process and materials of printmaking, including its intrinsically social, technical, and historical dimensions have made it well suited as an academic profession. The printmaker's network of juried exhibitions, international biennials, workshops, associations, conferences and exchange portfolios are evidence of this. The portability and multiplicity of the medium also works to for printmaking as an academic profession. And while the exchange portfolio is an aspect of the academic profession, it can also have value outside of the academy as a part of an independent, professional practice for artists who are not part of university systems or structures. An example includes the work of the artist collective Just Seeds (http://justseeds.org/) an artists' cooperative that was founded in 1998 which functions as a decentralized network of 26 artists working from the U.S., Canada, and Mexico, who are "committed to making print and design work that reflects a radical social, environmental, and political stance." For organizations such as Just Seeds, group portfolios offer a way to stand together in seeking shared political and cultural goals.

Leslie Koptcho's fall 1997 *Contemporary Impressions* article "The Exchange Portfolio: More than the Sum of its Parts" offers a useful assessment of current practice. She makes the case that "Due to the nature of their collective spirit, printmakers have always exchanged prints, but never quite with the intensity of the past eight years." The form of the portfolio (like the print itself) is certainly a hybrid, occupying a role somewhere between the book and wall-mounted art. Koptcho writes, "Unlike traditional books, they do not possess one ... sequential thread of narrative." As the practice of making portfolios has evolved, Koptcho notes "Increasingly, prints created for portfolios are becoming more tactile and object-like. This may have to do with what has come to be known as the expanded definition of printmaking."

Prints have been used as part of barter economies for centuries. It is said that Albrecht Dürer traded his prints for artworks by others. Printed multiples have always functioned as a kind of currency that facilitates exchange of idea or influence. When this economic model is applied by collectives rather than individuals it has the potential to create systems of production and exchange that have greater economic impacts.

In this regard, the portfolios produced by the members of *Die Brücke* have interesting parallels to the contemporary exchange portfolio. From 1906 to 1912, the active members of the group annually published sets of prints, or "Jahresmappen" for their subscribers, who they called "passive members" of the group. The members of *Die Brücke* functioned as the artists, printers, publishers and promoters for these projects. The passive members, who were often prominent architects, doctors and other professionals, could acquire one of the portfolios for 12 to 25 German Marks. These projects were a way for the group to raise funds and promote the work of the group outside of galleries and competitive exhibitions.

The portfolios created by *Die Brücke* reflected their shared studio environment and practices. The members of the group envisioned themselves as being like a medieval guild, sharing each other's work and property. The works were often collaborative, with multi-authored title pages designed and shared labors in printing. One of the core purposes of these portfolios was their role in advancing the reputation of the artist members of *Die Brücke*. This spirit of exchange, collaboration and mutual advocacy continues to be a part of many of the exchange portfolio produced today.

Exchange portfolios today can serve a similar purpose, especially when additional sets are produced for exhibition or museum placement. In this way the exchange portfolio is a promotional tool that operates outside of conventional art economies. This is the case with the "Drawn to Stone" portfolio that Tom Christison, currently at the University of Iowa and I organized for the 1998 SGC held at Ohio University in Athens. For this project we invited 27 well-known contemporary lithographers to produce an edition of 30 prints commemorating the 200th birthday of lithography. Three museum sets of this portfolio were produced, which are now in the collections of the Kennedy Museum of American Art at Ohio University, the Smithsonian

BIBLIOGRAPHY

Barber, Bruce and Dayton-Johnson, Jeff, "Marking the Limit: Re-Framing a Micro-Economy for the Arts," *Parachute: Contemporary Art Magazine*, April 1, 2002.

Bourriaud, Nicolas. *Relational Aesthetics*. Dijon: Les presses du réel, 2002.

Hyde, Lewis, *The Gift: Imagination and the Erotic Life of Property* (Vintage Books, 1983) also re-published with the alternate subtitle: "Creativity and the Artist in the Modern World" in 2007

Koptcho, Leslie, "The Exchange Portfolio: More than the Sum of its Parts," *Contemporary Impressions*, Fall 1997, Volume 5, number 2.

Museum of American Art in Washington, DC and the Whitney Museum of American Art in New York City. Additionally, one of the portfolios from participating artist William Walmsley is now in the Florida State University Museum of Fine Arts as part of a gift from his estate.

An interesting story of museum placement of an exchange portfolio is the "Baseball Portfolio" that a group of twelve students and faculty at Arizona State University completed in 1981. The project grew out of our weekly Friday night pick-up softball games. We printed thirteen sets of this portfolio, with the extra set going to the National Baseball Hall of Fame and Museum, Inc. in Cooperstown, New York. The project reflected our common (relational) engagement in these weekly games.

The task of placing group portfolios in museum collections is an interesting subject. In the 1960's Karl Wirsum, Gladys Nilsson, Jim Nutt, and other members of the "Hairy Who" group in Chicago produced group portfolios. At the time they were all recent graduates of the SAIC with little or no public recognition. Ester Sparks, Assistant Curator of Prints and Drawings at the Art Institute of Chicago recognized the worth of such endeavors, and acquired one of their portfolios for the collection, despite the concerns of the Senior Curator Harold Joachim. Today this portfolio represents a significant example of Chicago Imagist art from their collection.

It is interesting to compare this story to the fate of another exchange portfolio. In 1998 Lynwood Kreneck organized "Color Print USA", a portfolio designed to commemorate the 25th anniversary of the annual exhibition series of the same name at Texas Tech University. For the project, Kreneck invited 50 artists, one from each state, to produce an edition of large-scale color prints for mutual exchange. It was an impressive group of artists and prints, which included Wayne Kimball, Judith Brodsky, Leslie Koptcho, and a rare collaborative print by Warrington Colescott and Francis Myers. All fifty portfolios were presented simultaneously in each state with opening receptions held on the same weekend. Associate Curator of Prints at the Art Institute Mark Pascale wrote an essay about the work that accompanied a full-color exhibition catalogue. One of the portfolio sets was intended for the Art Institute of Chicago. Unfortunately, despite Mark Pascale's support for the project, the senior curatorial staff did not embrace the idea of accepting the portfolio for their collection. This example suggests the need for a significant museum devoted to collecting this art form.

While the concept of exchange portfolios is evolving, I am especially pleased that most portfolios today have a unifying theme. A theme offers a conceptual focus to the collected group of prints. Themes

Kovac, Jeff and Coppola, B.P., "Universities as Moral Communities," *Soundings: An Interdisciplinary Journal*, Volume 83 (3-4), 765, 2000.

Petersen, Stephen, "Printmaking as a Medium of Exchange," *Contemporary Impressions*, Fall 1995, Volume 3, number 2.

Singerman, Howard, *Art Subjects: Making Artists in the American University*, University of California Press, 1999.

can serve to bring artists together around a common purpose, especially when the portfolio organizer curates a list of participants from an open call. Portfolios organized in conjunction with a printmaking conference theme are becoming a norm, and offer ways of giving shape to a conference program through not only panels and presentations, but through the creation of works of art. The portfolios also serve as a lasting record of the conference in comparison to a program that is often ephemeral.

There are also ways that a portfolio theme can serve to address conceptual and formal ideas in art. Tim Dooley's 1998 exchange portfolio "Big Scarey Frontal Freakin' Skullheads", which he initiated while in graduate school at the University of Tennessee is one I especially enjoy. The basic premise of this portfolio is that each art medium has its most cliché subject matter. Ceramics has the ashtray. Painting has the barn painting or the kitten in a basket. Printmaking, one of the "dark arts," has the skull. This portfolio, which included well-known printmakers as well as students from the University of Tennessee, Knoxville, offered a way for Dooley to create a bridge between his role as a student and his professional life following graduation. Dooley is currently an Associate Professor of Art at the University of Northern Iowa, and continues to organize portfolios around interesting and exciting themes in art, the most recent of which is titled "Head Shot" and which was presented at the 2010 Mid-America Print Council Conference in Minneapolis, Minnesota. The project is posted on the internet at: http://www.redrocketgallery.com/current.html

Collaborative portfolios fit with the communal and collectivist ideals of utopian and *avant-garde* art movements. Some contemporary exchange portfolios have effectively built on this model. Oscar Gillespie and Larry Schuh initiated the "Tattooed Corpse" portfolio in 1992. Based on the Surrealist parlor game, the "Exquisite Corpse", this portfolio involved the creation of zinc etching plates by 15 participating artists that were then cut in thirds and sent through a random selection process to the other artists. The participants were provided a general key for the alignment of the three divisions of the plates, but the resulting combinations of plates, like the parlor game, produced surprising visual relationships. Each of the artists retained their head plate, producing their editions using separate torso and leg plates they received through the mail from other artists. This is an example of an exchange portfolio that pushes the inherent potential of form, and like so many other exchange portfolios today, makes effective use of the ground shipping services such as UPS, DHL and Federal Express.

Exchange portfolios are increasingly part of printmaking curriculums. The numerous portfolios I have accumulated over the years are a valuable teaching resource, giving faculty primary source materials to show their students. Additionally, exchange portfolios can be a part of class assignments. In her 1997 article, Koptcho writes "Student work may not always match the sophistication and technical prowess of the professional artist, however, there is a passion and optimism of youth. The portfolio exchange is a perfect testing ground for the tenacity and potential for the soon-to-be professional artist." Like other educators, I have assigned such portfolios in both beginning and advanced level classes, and agree with Koptcho regarding the pedagogical value of exchange portfolios. However, if participation in the portfolio is part of a class project, it represents a change in the nature and purpose of the gift economy. When I was a graduate student at Arizona State University in the early 1980's, it was the students who initiated exchange portfolios. Too often these days, maybe it is the faculty who play this role?

I am more selective these days about the exchange portfolios I decide to participate in, though I do still find myself being a part of one or two portfolios per year. I see these portfolios not only as part of a barter economy, but a way to participate with a community of peers through a shared exchange. In many ways the exchange portfolio is an ideal form of peer review, because artists whose work is not of sufficient quality or who have a record of not completing their editions will not be invited to participate in some of the best portfolios. They certainly have value for younger emerging artists, who are building systems of mutual support and distribution, and in this respect, the exchange portfolio has the potential to be far more professionally sustainable than many commercial galleries. However, they are also built off of the "sweat equity" of the artists themselves, and without the infusion of funds from art collectors, much like the patrons of *Die Brücke* who purchased the their "Jahresmappen," such projects can present an economic burden on the participants.

Clearly the exchange portfolio can serve to advance a group of like-minded artists. They functioned this way for the members of *Die Brücke* and *Just Seeds*, just as they function this way for a group of lithographers from the "Drawn to Stone" portfolio who now have work in the collection of the Whitney Museum of American Art in New York. Human-beings are social animals – and working on these group endeavors may help us to survive in the art world. The impulse to make relational art may be an aspect of our biology. Our fitness to survive as both individuals and groups is made stronger by our capacity to work together on such projects.

WEB RESOURCE

Artists working with print media were asked to complete a short survey that covered creative and technical information, professional practice, theory/history and biographical information. The results were presented as part the 2010 Mid-America Print Council session "New and Old Generations: Teaching Printmaking" co-chaired by Jack Damer from the University of Wisconsin-Madison and Beauvais Lyons from the University of Tennessee, Knoxville. An article with analysis of the survey results will appear in the Spring 2011 issue of the MAPC Journal. Below is a link to a 14 page pdf with the survey results: http://art.utk.edu/printmaking/resources/2010%20Printmaking%20Survey%20Results.pdf

Unter der langen weißen Wolke?

Anmerkungen zur Druckgrafik in Neuseeland

Dorothee Pauli

Redet man über Kunst in Neuseeland, sieht man ratlose Gesichter bei den ZuhörerInnen. Einige mögen wohl eindrucksvolle Beispiele der Kunst der Maoris in den Museen der Welt gesehen haben, aber nur wenige werden vertraut sein mit dem, was NeuseeländerInnen europäischer Abstammung zur Geschichte der bildenden Künste dieses Landes beigetragen haben. Ein Gang durch die Galerien und Bibliotheken Neuseelands erweckt beim interessierten Besucher den Eindruck, dass nur MalerInnen und deren FörderInnen die örtliche Kunstszene dominieren. Andere Künste, insbesondere die grafischen, werden vernachlässigt. Zu den vielen gut bebilderten Dokumentationen und Monografien über neuseeländische MalerInnen kam erst in jüngster Zeit eine detaillierte Abhandlung über die Geschichte der neuseeländischen Skulptur.[1] Bis heute wurde kein solcher Abriss über die Leistungen der neuseeländischen DruckgrafikerInnen geschrieben, trotz der Bemühungen einer neuen Generation von WissenschafterInnen, die sich in jüngster Zeit mit der Dokumentation der Werke neuseeländischer KünstlerInnen im In- und Ausland befassen.[2] Deshalb soll dieser Artikel, der für eine ausländische Leserschaft bestimmt ist, einen Überblick über die Geschichte der Druckgrafik dieses Landes bieten, sowie ein kurze Diskussion der beruflichen Herausforderungen, denen sich aufstrebende und etablierte DruckgrafikerInnen in Neuseeland heutzutage gegenübersehen.[3]

Die Geschichte der bildenden Kunst Neuseelands hängt eng mit seinen geografischen und demografischen Bedingungen zusammen. Neuseeland ist eine kleine Inselnation, etwa 2.000 km südöstlich von Australien. Ca. 75% der 4,4 Millionen EinwohnerInnen leben in den großen urbanen Zentren, und zwischen 600.000 und einer Million im Ausland.[4] Die gesamte Einwohnerschaft Neuseelands ist kleiner als jene vieler europäischer Städte und doch weist sie ebenso wie

[1] Siehe z.B. Gordon Brown and Hamish Keith, *An Introduction to New Zealand Painting*, Auckland: David Bateman, 1988; Michael Dunn, *A Concise History of New Zealand Painting*, Sydney: Craftsman House, 1991; Anne Kirker, *New Zealand Women Artists*, Sydney: Craftsman House, 1993; Michael Dunn, *New Zealand Painting: A Concise History*, Auckland: Auckland University Press, 2003; Christopher Johnstone, *Landscape Paintings of New Zealand*, Auckland: Godwit, 2006; Christopher Johnstone, *The Painted Garden in New Zealand Art*, Auckland: Godwit, 2008; Michael Dunn, *New Zealand Sculpture: A History*, Auckland: Auckland University Press, 2008

die meisten westlichen Gesellschaften nationale Ambitionen und kulturelle Komplexitäten auf. Knapp 70% der Bürger bezeichnen sich als Neuseeländer europäischer Abkunft, 14% verstehen sich als Maoris und der Rest als Nachfahren von Asiaten und Polynesiern.[5] Die einst starke Bindung an Großbritannien ist in Neuseelands politischen Strukturen noch deutlich erkennbar, obwohl der kulturelle Einfluss der früheren Kolonialmacht wie überall im Commonwealth verblasst ist. Vor 100 Jahren allerdings war das Bild ein völlig anderes. Damals bezeichnete sich Neuseeland noch stolz als das „Britannien des Südens", fühlte sich dem benachbarten Australien gesellschaftlich überlegen, und nahm sich die Kultur der Kolonialmacht in jeder Hinsicht zum Vorbild. Die wissbegierigen Briten „in der Heimat" erhielten erste Informationen über Aotearoa (Das Land der langen weißen Wolke), die entlegenste Besitzung der britischen Krone, durch Printmedien.

Neuseeland und die Kultur der Eingeborenen wurden den Europäern im 18. Jahrhundert durch die Entdeckungsreisen von Kapitän James Cook und anderen bekannt. Die Begegnung mit Neuseeland und seinen EinwohnerInnen vermittelten Zeichnungen und Aquarelle von Künstlern wie Stanley Parkinson, dessen *Journal of a Voyage to the South Seas*, reich illustriert mit Kupferstichen, erstmals 1773[6] veröffentlicht wurde. Die Erforschung Neuseelands führte zu einer Fülle von Landkarten, botanischen und zoologischen Illustrationen. Europäische Zeitschriften wie die *Illustrated New Zealand News* lieferten laufend idealisierende Stiche von den wachsenden europäischen Ansiedlungen im Lande. Koloniale Maler nützten die Druckgrafik, um ihre Bilder vom fernen Neuseeland und seinen EinwohnerInnen weiter zu verbreiten. Ein Beispiel hierfür sind die Lithografien nach Skizzen und Gemälden von Augustus Earl und George French Angas.[7] Angas zeichnete sogar gelegentlich direkt auf den Lithostein. Der einzige Druckspezialist, der Neuseeland im 19. Jahrhundert besuchte, war Charles Meryon,[8] der in den 1840er-Jahren auf Akaroa stationiert war.[9]

Die ersten Schulen für Kunst und Technik boten ab den 1880er Jahren eine Ausbildung in verschiedenen Drucktechniken, wie Holzschnitt, Lithografie und Radierung, allerdings lag der Schwerpunkt auf der kommerziellen Anwendung der Printmedien, wie Plakat und Illustration. Die Hochschulen Neuseelands orientierten sich damals am Lehrplan der *South Kensington School of Art and Design* in London, die 1851 mit dem Ziel, den Standard des Industrial Design in England zu heben, gegründet worden war. Der Lehrplan von South Kensington legte großen Wert auf handwerkliche Qualität, Geometrie und das Erlernen traditioneller ornamentaler Formen, nicht aber auf künstlerische Kreativität und Innovation.

[2] Für Artikel über die Lebensläufe von GrafikerInnen in Neuseeland, siehe Gail McDonald Ross, „New Zealand Prints 1900-1950: An Unseen Heritage", Phil.Diss., University of Canterbury, Christchurch, 2006, 10-11.

[3] Folgende KünstlerInnen wurden für den 2. Teil des Artikels befragt: Jo Augier, Barry Cleavin, Denise Copland, Anna Dalzell, Elizabeth Moyle, Michael Reed, Ben Reid, Karen Stevenson und Sandra Thomson.

[4] „A Nation of Migrants", http://www.teara.govt.nz/en/kiwis-overseas/1

[5] „New Zealand 2006 Census", http://www.stats.govt.nz/Census/2006CensusHomePage/QuickStats/quickstats-about-a-subject/cultur-and-identity/ethnic-groups-in-new-zealand.aspx

[6] Rüdiger Joppien, „Die Künstler auf den Reisen des James Cook", in *James Cook und die Entdeckung der Südsee*, Bonn: Kunst- und Ausstellungshalle der Bundesrepublik Deutschland, 2009, 112

[7] Siehe z.B. George French Angas, *Honi Heke and Patoune* (© 1847), Auckland Art Gallery Toi o Tamaki

Gegen Ende des 19. Jahrhunderts wurden einige Grafik-Portfolios veröffentlicht. Eines der ersten war E.W. Paytons Sammlung radierter Ansichten von Auckland und Rotoura 1888.[10] Allerdings wurde, wie Gail Ross festgestellt hat, durch die Ausbildung nach dem Lehrplan von South Kensington und durch die Vielfältigkeit und Ausrichtung auf kommerzielle Anwendung des Druckes – Textildesign, Exlibris, Plakate – die ersten Generationen der neuseeländischen Druckgrafiker bis weit ins 20. Jahrhundert hinein an den Rand der Kunstwelt gedrängt.[11] Viele eiferten, was die Motive betraf, ihren britischen Kollegen nach, später befassten sie sich mit Motiven aus Kultur und Mythologie der Maoris, aber beides führte nicht zu dauerhaftem Erfolg. Der neuseeländische Kunstmarkt war zu Beginn des 20. Jahrhunderts sehr klein. Der Kundenkreis stand modernen Strömungen mit Befremden und sogar feindselig gegenüber, er bevorzugte lokale Landschaften, Stillleben und Portraits der HonoratiorInnen.

Sogar Künstler, die eine gute Ausbildung im Ausland gehabt hatten, taten sich angesichts der Vorlieben der Neuseeländer Kunden schwer, das Niveau ihrer künstlerischen Druckgrafik aufrecht zu halten oder weiter zu entwickeln. Ein gutes Beispiel ist die Laufbahn der Malerin und Zeichnerin Mina Arndt (1884–1926), einer neuseeländischen Künstlerin deutsch-jüdischer Abstammung, die ihr Studium in Wellington begonnen und es 1907 bis 1915 in London, Newlyn und Berlin fortgesetzt hatte.[12] Angesichts des wieder auflebenden Interesses an der Kunst des Druckens in Europa und auch in Australien im späten 19. und frühen 20. Jahrhundert versuchte sich Arndt in der Radierung als gangbarer Erweiterung ihres künstlerischen Repertoires. Nach ihrer Rückkehr nach Neuseeland war sie 1920 in Sydney eines der Gründungsmitglieder der *Australian Painter-Etcher Society (APES)*, der Australischen Gesellschaft für Maler-Drucker.[13]

Zwischen 1921 und 1933 veranstaltete APES nicht weniger als 27 Ausstellungen in Sydney, Melbourne, Adelaide und Brisbane, von denen jede 150 bis 250 Drucke umfasste. Damit war APES wesentlich aktiver als das Neuseeländer Äquivalent, der 1916 von Thomas Gulliver und Arnold Goodwin in Auckland gegründete Quoin Club. In den 13 Jahren seines Bestehens veranstaltete der Quoin Club, der regional ausgerichtet war und wohl die progressivste Richtung der Druckgrafik seiner Zeit in Neuseeland vertrat, nur drei Ausstellungen und veröffentlichte lediglich zwei Portfolios. Darüber hinaus beschloss man 1925, Frauen ausdrücklich die Mitgliedschaft zu verweigern.[14] Arndt, die damals keinerlei regionalen Schwerpunkt in ihrem Werk hatte, tat deshalb gut daran, sich APES anzuschließen und nicht dessen Neuseeländer Gegenstück.

[8] Gordon Brown, „Introduction“, in *The Print Council of New Zealand: Exhibition Catalogue 1969*, n.p, Print Council of New Zealand Related Correspondence and Ephemera, CA000014, Museum of New Zealand Te Papa Tongarewa, Wellington

[9] „Meryon, Charles 1821-1868“ http://www.nzetc.org/tm/scholarly/tei-PlaNinet1-body-d1-d820.html

[10] Brown (1969), Exemplare dieser Radierungen finden sich in der Alexander Turnbull Library, Wellington.

[11] Ross, 7 (s. Anm.2)

[12] Siehe Dorothee Pauli, *Mina Arndt (1885-1926): The Making of a New Zealand Artist*, Phil.Diss., University of Canterbury, 2000

[13] Der australische Künstler Gayfield Shaw hat als erster vorgeschlagen, eine Gruppe australischer Künstler solle einen Kunstverein gründen, der sich ausschließlich der Druckgrafik widmen und nicht nur australische sondern auch Neuseeländer Maler-Radierer als Mitglieder habe. Shaw schrieb potenzielle Mitglieder an – in Neuseeland Archibald Nicoll, H. Linley Richardson, Richard Wallwork, Flora Scales und Mina Arndt. Höchstwahrscheinlich kannte Shaw die Namen dieser KünstlerInnen nur von den Ausstellungen der neuseeländischen Kunstvereine.

[14] Ross, 50 (s. Anm.2)

[15] Siehe Kataloge von APES, Sydney 1921, Melbourne 1921, Adelaide 1922, Sydney 1922, Christchurch 1923, Sydney 1924

[16] *The Sydney Morning Herald*, June 9, 1921, 10

[17] *Art in Australia*, vol. 3, no. 9, 1921; plate 68: *Paper Barges*; plate 69: *Study of an Old Man's Head*

[18] Mina Arndt war bekennende, aber keine orthodoxe Jüdin. Während des 1. Weltkrieges und der ganzen 1920er Jahre erschienen immer wieder rassistische Artikel in den Neuseeländer Zeitungen. Obwohl sich der Rassismus in Neuseeland hauptsächlich gegen Menschen chinesischer und dalmatinischer Abkunft richtete, wurden auch Juden/Jüdinnen damals das Ziel von Diskriminierung und Misstrauen, ein Trend, der Arndt davon abhielt, zu verbreiten, dass sie Jüdin war. Zur Information über Antisemitismus in Neuseeland im frühen 20. Jahrhundert, siehe M.F. La Rooij, *Political Antisemitism in New Zealand during the Great Depression: A Case Study in the Myth of the Jewish World Conspiracy*, Diplomarbeit, Victoria University of Wellington, 1998.

[19] „The Group", http://christchurchcitylibraries.com/Heritage/Publications/Art/The-Group/

Arndt stellte mit APES zwischen 1921 und 1924 insgesamt 16 Radierungen aus, hauptsächlich in Australien.[15] 1921 nahm man auch eines ihrer jüdischen Motive auf, den *Old Jew's Head* (Kopf eines alten Juden). Ein Exemplar wurde für die Nationalgalerie von New South Wales angekauft.[16] Dieses Bild wurde auch in einer Sonderausgabe von *Art in Australia* über das Schaffen australischer und Neuseeländer DruckgrafikerInnen, gemeinsam mit *Paper Barges* (Papierschiffe) abgebildet.[17] Arndt erkannte bald, dass ihre jüdischen Themen auf wenig bis keinerlei Interesse beim Neuseeländer Publikum trafen.[18] So stellte sie stattdessen Motive aus Cornwall aus, nach Zeichnungen, die sie Jahre früher geschaffen hatte. Dies taten auch andere Neuseeländer KünstlerInnen, wie Margaret Stoddart, die oft Ansichten von „daheim" als Beitrag zu den jährlichen Ausstellungen der Neuseeländer Gesellschaften für Kunst zeigte. Arndt begann Charakterköpfe, meist nach Kohlezeichnungen, zu radieren, aber auch damit hatte sie keinen Erfolg. Sie kämpfte gegen die Enge des heimischen Kunstmarktes und eine tiefe künstlerische Isolation, insbesondere nachdem sie sich in der kleinen Stadt Motueka niedergelassen hatte, und entwickelte sich schließlich als Druckgrafikerin nicht mehr weiter. Es war auch nicht eben hilfreich, dass damals für DruckgrafikerInnen die Möglichkeiten auszustellen eher Ausnahmen waren. Wurden druckgrafische Arbeiten in die jährlichen Ausstellungen der Kunstvereine aufgenommen, fanden sich diese unweigerlich erst ganz am Ende der Zeitungskritiken erwähnt und verblieben so an letzter Stelle in der Hierarchie der Künste in Neuseeland. Die Situation verbesserte sich nach Ankunft einiger fortschrittlich eingestellter Lehrer aus Großbritannien, engagiert vom damaligen *Superintendent of Technical Education*, William Sanderson La Trobe (der das sogenannte La Trobe-System für Kunsterziehung einführte).

In ihrer Interpretation von Kunstgewerbe lehnten etliche Lehrer innerhalb des La Trobe-Programms, unter ihnen Roland Hipkins und R.N. Field, die willkürliche Segmentierung der bildenden Künste ab. Ihr progressiver Standpunkt führte 1927 zur Bildung von *The Group*[19], später kurzfristig ersetzt durch die *New Zealand Society of Artists* (Gesellschaft Neuseeländischer Künstler), die 1933 ihre erste umfassende Ausstellung veranstaltete. Dieses Künstlerkollektiv wollte eine nationale Kunst fördern, Zeichnungen und Druckgrafiken vermehrt in die Ausstellungen aufnehmen und den Anteil Neuseeländischer Kunst in den öffentlichen Galerien des Landes vermehren.[20] Damals verwendeten diese ihre Ankaufsbudgets noch immer für den Erwerb britischer Akademie-Kunst, gedacht als qualitätsvolle Lehrstücke für die ansässigen KunststudentInnen. Dagegen brachten die La Trobe-Lehrer ihren StudentInnen die formalen Qualitäten des Postimpressionismus nahe und förderten die Orientierung neuseeländischer

Kunst zum Regionalen, zum ländlichen Leben, zu lokaler Fauna und Flora, zur Kultur der Maoris. All diese Themen finden sich in den Holzschnitten von E. Mervyn Taylor (1906–1964), einem der prominentesten Neuseeländer Druckgrafiker des frühen 20. Jahrhunderts. Sein Werk, das in den 1930er Jahren einen ausgeprägt neoromantischen Charakter annahm, zeigt, wie die heimischen Grafiker um des Broterwerbs willen kommerzielle Arbeiten mit dem Schaffen von Druckgrafiken kombinierten. Nach Taylors Ansicht war Kunst Kommunikation, und fand sich durch Aufträge für Grafikdesign sowie Buch- und Zeitschriftenillustrationen darin bestätigt.[21] Taylor machte in seiner Funktion als Art Director und Illustrator der Abteilung für Schülerzeitungen im Bildungsministerium in den 1940er Jahren auch eine ganze Generation junger NeuseeländerInnen mit den Vorzügen und expressiven Möglichkeiten der Druckgrafik bekannt – insbesondere mit seinen Illustrationen für das viel gelesen *School Journal*.

Taylors Karriere fiel zeitlich mit der neuen Wertschätzung des Druckes als demokratischste aller Kunstformen zusammen. Diese Idee erhielt immer mehr Zugkraft in den politisch aufgeheizten und wirtschaftlich schwierigen 1930er Jahren. Neuseeland blieb die soziale Misere der großen Wirtschaftsdepression nicht erspart, noch verstärkt durch ein Versagen der Politik bei der Krisenbewältigung. Wie auch anderswo verwandten die DruckgrafikerInnen in Neuseeland die Sprache des sozialen Realismus, um ihre zunehmend linksgerichteten Ansichten zu artikulieren. Gute Beispiele sind Stephen Champs Holzschnitt *Strictly Non-Controversial*[22] (1933) und Leonard D. Morrisons Linolschnitt *To the Tune of the Devil's Attack*[23] (1932), der eindeutig eine Antikriegsstimmung ausdrückt. Zu dieser Zeit verdrängten, parallel zu den Entwicklungen in Europa, Linol- und Holzschnitte die Radierung und ebneten so den Weg zur Moderne in der Druckgrafik. Während Champ und Morrison heute so gut wie vergessen sind, erlangte E. Mervyn Taylor als einer der wenigen Neuseeländer Druckgrafiker des frühen 20. Jahrhunderts im Ausland doch einen gewissen Ruf. So wurde er 1950 Mitglied der *Society of Illustrators* in New York und hatte 1954 mit seinen Bildern einheimischer Pflanzen und Tiere eine Einzelausstellung im *American Museum of Natural History* in New York. Man schätzte ihn auch auf der anderen Seite des Eisernen Vorhanges: Das Internationale Institut für Kunst und Wissenschaft in Lindau in der früheren DDR ernannte ihn 1953 zum Mitglied, und 1958 lud ihn das Kulturministerium zu einer großen Einzelausstellung in Russland ein.[24]

Hier darf man nicht vergessen, dass Taylors Ausstellungen in Übersee großzügig gesponsert wurden. Sich von Neuseeland aus international zu profilieren und Wanderausstellungen zu organisieren, war (und

[20] Ross, 106 (s. Anm.2). Der Verein kaufte heimische Drucke, um sie öffentlichen Neuseeländer Kunstgalerien zu schenken, und förderte den Verkauf durch Stundung bzw. indem der Käufer mit dem betreffenden Künstler privat verhandeln konnte. Weiters erhielten Mitglieder des Vereins und Subskribenten eine Druckgrafik als Jahresgabe.

[21] Douglas Horrell, *The Engaging Line: E. Mervyn Taylor's Prints on Maori Subjects*, Diplomarbeit, University of Canterbury, 2006, 39

[22] Ross, 101 (s. Am.2)

[23] Ibid., 102

[24] Tony Mackle, „Taylor, Ernest Mervyn 1906-1964“, Dictionary of New Zealand Biography, updated 22 June 2007, http:/www.dnzb.govt.nz/

ist noch immer) eine nervenaufreibende und teure Angelegenheit. Deshalb, und angesichts besserer beruflicher Chancen und erhoffter Inspiration in Australien, Europa und den USA haben sich Künstler wie James Boswell, Raymond McIntyre, May Smith, and Adele Younghusband für ein Leben im Ausland entschieden. Nur wenige europäische DruckgrafikerInnen gingen im 20. Jahrhundert den umgekehrten Weg, etwa Eileen Mayo (1906–1994), eine in England geborene Künstlerin und Designerin. Sie kam 1962 nach Neuseeland und wurde dort wie Robert Taylor zur unermüdlichen Fürsprecherin der Druckgrafik.[25] Mayo war eine der vielen DruckgrafikerInnen, die an den regelmäßigen Ausstellungen des *New Zealand Print Council* teilnahmen. Das Council wurde 1967 ins Leben gerufen, auf Initiative von Kees Hoos, dem Eigentümer der Auckland Gallery, Grafiker und Lehrer, und Dr. Walter Auburn, einem deutschen Arzt und engagierten Sammler von Druckgrafik, der sich 1948 in Auckland niedergelassen hatte. Auburn war insbesondere an europäischen Drucken des 16. und 17. Jahrhunderts interessiert, jedoch auch „fasziniert von der Aufgeschlossenheit der Neuseeländer Druckkünstler und genoss die neuen technischen Ansätze und die neue Bildsprache."[26] Das Hauptanliegen des New Zealand Print Council war es, „jedes zweite Jahr eine Ausstellung von Drucken Neuseeländer Grafiker zusammenzustellen, sie in den wichtigsten Zentren zu zeigen, und sie später anderen Galerien in Neuseeland und Übersee zur Verfügung zu stellen."[27] Die Ausstellungen des Print Council belebten zweifellos die Druckgrafik-Szene in Neuseeland und schufen ein wertvolles Netzwerk sowohl für etablierte als auch für aufstrebende DruckgrafikerInnen, darunter Künstler wie John Drawbridge, Barry Cleavin und Mervyn Williams, die einander bei der ersten Ausstellungseröffnung 1967 kennengelernt hatten.

Das Print Council existierte neun Jahre lang und trug maßgeblich dazu bei, dass in den 1970er Jahren „die Druckgrafik ihre Stellung als die arme Verwandte der bildenden Künste verließ und Beachtung fand als eigenständige, unabhängige Form des bildnerischen Ausdrucks."[28] Überarbeitung, finanzielle Probleme und das Fehlen einer regelmäßigen qualitätvollen Publikation zur Unterstützung der Ausstellungen sind einige der Faktoren, die schließlich zum Niedergang des Print Councils führten, ebenso wie die ewigen regionalen Differenzen in der kleinen, aber sehr gespaltenen Welt der Kunst Neuseelands. Seit damals hat das *Central Print Council of Aotearoa New Zealand* in Whanganui, einer 2006 von Marty Vreede und Toi Whakataa gegründeten Vereinigung von Maori-GrafikerInnen, einen Großteil der Funktionen des ehemaligen Print Councils übernommen. Für Toi Whakataa (= „einen Eindruck machen") ist „die Unterstützung kultureller Belange ein wichtiges Anliegen, ebenso wie die Unterstützung einer bislang unkonventionellen Technik, ihren Weg zu finden in jene Formen, die

[25] Zur ausführlichen Besprechung von Mayos Beitrag zur Geschichte der Druckgrafik in Neuseeland siehe Jillian Cassidy, *Shifting Boundaries: the Art of Eileen Mayo*, Phil.Diss., University of Canterbury, 2000

[26] Anne Kirker, *Prints – A Coming of Age*, The Walter Auburn Memorial Lecture, Auckland: The Friends of the Auckland City Art Gallery, 1987, n.p.

[27] Brown (1969), n.p. (s. Anm.)

[28] Kirker (1987), n.p. (s. Anm.26)

Kultur definieren."[29] Wie sein Vorgänger hat das Central Print Council praktische Ziele, wie z.B. „den Mitgliedern Zugang zu speziellem Werkzeug, Gerät und Ausbildungsmöglichkeiten zu verschaffen."[30]

Heute führen die grafischen Künste in den meisten der Kunstschulen Neuseelands wieder ein Aschenputteldasein und der Zugang zu den Arbeitsgeräten (inklusive Druckpapier) kann insbesondere für jüngere DruckgrafikerInnen in Neuseeland zum Problem werden. Das Einrichten eines Druckgrafikstudios ist in Neuseeland seit jeher unerschwinglich teuer. In der Vergangenheit hat dies nicht nur zu improvisierten Druckerpressen, gebastelt aus alten Wäschemangeln, geführt, sondern auch zu ausgedehnten Experimenten mit billigeren Techniken wie Siebdruck oder Kaltnadel auf einem Gipsblock.[31] Es gibt in Neuseeland keine Einrichtungen, wie etwa das *Kelpra Studio* in London, die sich auf Druckgrafik spezialisieren, mit Ausnahme der *PaperGraphica*, einer Galerie und Druckerwerkstätte in Christchurch, geführt von Marian Maguire. Außerdem gibt es eine Handvoll privater Galerien, die sich derzeit auf Druckgrafik und Kunst auf Papier spezialisieren. Ihre Ausstellungen zeugen von der Vielfalt der Themen, deren sich die DruckgrafikerInnen Neuseelands heute annehmen, von Motiven aus der kolonialen Vergangenheit bis zum Entstehen einer künstlerischen Identität in einer postkolonialen, multikulturellen Gesellschaft, der Bedrohung der Welt durch Kriege, religiösen Extremismus und Bigotterie. An erster Stelle stehen die Umweltprobleme in Neuseeland und den Nachbarstaaten im südlichen Pazifik.

Zwar stellen etliche der etablierten DruckgrafikerInnen Neuseelands, wie Denise Copland, Michael Reed, Marilyn Webb und Robin White seit Jahren in aller Welt aus, die geografische Isolation Neuseelands dürfte jedoch ein Hindernis für derartige Aktivitäten sein. Um abschätzen zu können, ob heutige Kunstschaffende, die im „global village" leben, die Hindernisse umgehen können, denen sich ihre Vorgänger gegenüber sahen, erfasste ich jüngst die Meinungen einer Anzahl etablierter und aufstrebender GrafikerInnen. Mittels eines kurzen Fragenkatalogs bat ich sie, den Status der grafischen Kunst ihres Landes zu kommentieren und zu beschreiben, wie sie mit Leben und Arbeit in Aotearoa Neuseeland im Jahr 2010 zurechtkommen.[32]

Hier muss man darauf hinweisen, dass Auswanderung ein konstantes Thema in der Geschichte der Neuseeländer Kunst ist. Die meisten KünstlerInnen, unabhängig von der Art ihrer Kunst, werden an irgendeinem Punkt ihrer Laufbahn der beruflichen Grenzen in einer kleinen und zersplitterten Kunstszene gewahr – dies bestätigten insbesondere die jungen DruckgrafikerInnen, die hier befragt wurden. Ben Reid etwa bejaht die Frage, ob er sich von den internationalen Entwicklungen

[29] Richard Noyce, *Critical Mass: Printmaking Beyond the Edge*, London: A&C Black, 2010, 156

[30] „Pressing Matters: The Central Print Council of Aotearoa New Zealand", http://cpcanz.org.nz/about/

[31] Siehe z.B. Pat Hanly, *Girl's Head* (1964), Auckland Art Gallery Toi o Tamaki

[32] JedeR KünstlerIn erhielt per E-Mail eine Liste von Fragen, betreffend die aktuellen Herausforderungen für Neuseelands DruckgrafikerInnen. Es soll hier nicht auf die einzelnen Antworten eingegangen werden, lediglich vermerkt, dass alle KünstlerInnen der Autorin im September 2010 per E-Mail antworteten. Die gesammelten Antworten sind nicht mehr als eine Momentaufnahme der Standpunkte der GrafikerInnen, jedoch steht zu hoffen, dass dieser kurze Abriss der Anlass für eine größere, detailreichere Studie über die zeitgenössische Druckgrafik in Neuseeland wird.

in der Druckgrafik abgeschnitten fühle. Während einer Reise nach Australien 2008 entdeckte er, „wie wenig australische Grafiker über neuseeländische Kunst und Künstler im Allgemeinen und insbesondere über Druckgrafiker wissen. Ich glaube nicht, dass viele australische Künstler mehr als einen oder zwei neuseeländische Künstler nennen könnten ... Ich bin sicher, dass die Bekanntheit neuseeländischer Kunst in der Kunstszene in Asien, Nordamerika und Europa sogar noch geringer ist. Somit – ja, ich fühle mich hier isoliert ..." Anna Dalzell, eine junge Neuseeländer Druckgrafikerin, stellt fest, dass der technische Fortschritt den Zugang zu globalen Netzwerken des Druckens erleichtert hat, aber sie „würde sich einen leichteren Zugang zu Druckgrafik-Ausstellungen wünschen. Es wäre toll, könnte man an internationalen Konferenzen und Events um Druckgrafik ohne den Preis einer Hochseereise teilnehmen. Ja, manchmal fühle ich mich isoliert, aber das ist nicht so schlimm, so ist es eben, wenn man in Neuseeland lebt." Karen Stevenson merkt an, dass sie gelegentlich den Eindruck hatte, „dass Druckgrafik in Übersee höher bewertet wird."

Die arrivierten KünstlerInnen Denise Copland, Michael Reed und Sandra Thomson kommen mit ihrer geografischen Isolierung vom Rest der Welt der Druckgrafik besser zurecht. Reed deutet an, die beste Strategie sei hier, die Dinge selbst in die Hand zu nehmen und fügt hinzu, er würde sich wohl tatsächlich sehr isoliert fühlen, hätte er sich immer nur auf amtliche Initiativen, lokal oder national, verlassen. Copland machte sich „niemals wirklich Gedanken" über die Randlage Neuseelands und stellt fest, dass „mich regelmäßige Kontakte per Brief oder E-Mail mit Künstlern in Europa, Australien, Frankreich, Tasmanien, Singapur, China, Japan und Amerika mit der ‚Welt' der Kunst in Verbindung halten. Darüber hinaus gibt es das Internet, internationale Bücher und Zeitschriften über Kunst, um mich über künstlerische Entwicklungen auf dem Laufenden zu halten." Thomson bestätigt, dass Neuseeländer KünstlerInnen mittels Büchern, Zeitschriften und Webseiten mit Entwicklungen im Ausland mithalten können. Die Möglichkeit, an mehr internationalen Veranstaltungen teilzunehmen, wie z.B. der Philagraphica 2010, wo Werke von ihr und Reed gezeigt wurden, würde sie natürlich begrüßen. Jo Ogier stellt fest, dass Informationen über derartige Veranstaltungen schwer zu finden sind und die „exorbitanten Kosten" für den Versand ihr die Teilnahme verleiden.

Wie oben erwähnt, halten die meisten der arrivierten DruckgrafikerInnen, die ich für dieses Projekt befragt habe, regelmäßigen Kontakt mit den Mitgliedern der internationalen Druckgrafik-Szene oder sind durch ihre Arbeit als Lehrer oder durch Teilnahme an Kunstevents im Ausland Mitglieder internationaler Netzwerke. Den jungen

AbsolventInnen fehlen diese Kontakte, sie würden von einem leichteren Zugang zu Druckgrafik-Events im Ausland natürlich profitieren. Es ist allerdings klar, dass der Erfolg eines Künstlers nicht ausschließlich von der Unterstützung Anderer abhängen kann. Michael Reed schreibt, dass man „egal, wo man lebt, sich nicht immer um Alles kümmern kann. Willst du produktiv sein, musst du irgendwann das Fenster schließen, nachdenken und was tun, egal, wo du bist." Sein früherer Lehrer Barry Cleavin geht noch weiter. Er fühlt sich heute weitgehend unabhängig von sozialen und beruflichen Netzwerken: „Ich glaube, die Fragen setzen voraus, dass man Kontakte und Austausch mit anderen braucht, um sich ‚in' oder ‚dabei' zu fühlen. Für mich gilt das Gegenteil. Mit der Werkstatt, Lesen, Musik, und einem gelegentlichen Ausflug in die Bücherei oder den Supermarkt habe ich ‚in meinem Alter' absolut genug von der wirklichen Welt. Es tut gut, in einem Museum zu sitzen und Objekte zu zeichnen, Ereignisse grafisch festzuhalten, wie dieses Jahr ‚Killing of Dushasana' in Sydney oder bei den ‚Spirits of India'-Konzerten dabei zu sein."

Michael Reed, selbstsicher wie Barry Cleavin, stellt allerdings einen gewissen Mangel an öffentlicher Unterstützung für Neuseelands DruckgrafikerInnen fest. Er meint, dass die amtliche Szene von zwei kleinen Gruppen dominiert wird, die eine absolut konservativ, die andere wild entschlossen, jedwedem internationalen Trend zu folgen. Beide hätten sich „der etablierten Kunsthierarchie verschrieben. Diesbezüglich bewundere ich Australien, wo das Beamtenvolk eine gesunde Vielfalt von Auffassungen zu haben scheint und weit mehr Kunstrichtungen fördert." Sandra Thomson sieht in Neuseeland die Druckgrafik noch immer als „die arme Verwandte der Malerei" und Anna Dalzell meint, „die nur kleine Gruppe von DruckgrafikerInnen und die relativ kleine Nation" seien ein Grund dafür. Hier fügt Ben Reid hinzu, dass die Öffentlichkeit den Unterschied zwischen Original-Druckgrafik und billiger Massenreproduktion überhaupt nicht kenne, und greift damit interessanter Weise auf die Debatte ehemaliger Mitglieder des Print Council of New Zealand, was ein Originaldruck sei, zurück. Elizabeth Moyle, ebenfalls eine junge Absolventin, stellt fest, dass Kunstwettbewerbe in Neuseeland „oft keine Druckgrafik in der Auswahl haben", was sie mit der Tatsache verbindet, dass das Publikum meist keine Ahnung hat, wie mühsam und zeitaufwendig die Herstellung einer Druckgrafik sei. Denise Copeland allerdings hat beschlossen, nicht länger zu überlegen, ob Druckgrafik in Neuseeland genügend ästimiert wird. Dies sei ihrer Ansicht nach „Verschwendung von Zeit und Energie. Viel lieber mache ich eine neue Arbeit, mit verschiedenen Techniken und Materialien." Barry Cleavin fügt hinzu: „Diese Überlegungen zur Hierarchie der Künste sind nur eine negative Reaktion darauf, wie die Dinge liegen oder wie es immer schon war." Copland macht sich auch kaum Sorgen um ihre eigene Zukunft und die der Kunst Neuseelands überhaupt. Sie hat vor einigen Jahren ihre Position an der Hochschule aufgegeben, was der Entwicklung ihrer Arbeit zuträglich war: „Ich habe mehr Freiheit für meine Arbeit und mein Leben. Da sich die Grenzen zwischen Malerei, Skulptur, Zeichnen, filmischer und digitaler Kunst verwischen und sich die Kunst in Neuseeland und weltweit verändert, bieten sich Chancen voranzukommen, nicht nur für mich, sondern für alle Kreativen."

Sowohl die arrivierten als auch die aufstrebenden DruckgrafikerInnen, die für diesen Artikel befragt wurden, halten Organisationen wie das Central Print Council für nützlich, besonders für junge KünstlerInnen, die ein berufliches Netzwerk suchen. Sie halten dies für besonders wichtig, weil sie der Druckgrafik Neuseelands eine ungewisse Zukunft vorhersagen. Als einer der jüngeren Künstler ist Ben Reid vorsichtig optimistisch und sieht in den Ausflügen einiger etablierter Maler und Bildhauer Neuseelands in die Druckgrafik, wie z.B. Ralph Hotere, einen Schritt zur Etablierung der Druckgrafik als preiswertes Kunstwerk. Anna Dalzell ist sich da nicht so sicher. Sie meint, „Druckgrafik hat nicht die verdiente Wertschätzung. Ich fürchte, dass der Druck, und insbesondere die traditionellen Techniken wie Radierung, Lithografie und Kupferstich [...] aussterben werden." Als Teilzeit-Lehrerin für Druckgrafik sieht sie in Neuseelands Kunstschulen „die unbezahlbaren Druckmaschinen unterbewertet und nicht ausgelastet". Sandra Thomson stellt fest, dass immer mehr junge Neuseeländer DruckgrafikerInnen nach Ende der Ausbildung keinen Zugang zu den teuren Geräten haben. Elisabeth Moyle bestätigt dies: „Nicht die richtigen Farben und Zubehör zu bekommen, ist ein Krampf. Ich weiß, dass man online professionelles Material bekommt, doch solange man nicht die meisten Lieferanten ausprobiert hat, ist auch das nicht einfach." Auch weiß sie, dass die relativ schwache neuseeländische Währung an den unerschwinglichen Kosten für Einrichtung und Erhaltung einer professionellen Druckwerkstatt mit schuld ist. Deshalb „sind Lithografie und verschiedene Tiefdrucktechniken für mich derzeit unerreichbar." Moyle betont, dass ihr „typisch neuseeländisches Do-it-yourself-Talent" in solchen Dingen hilft, dass aber „nach einigen Jahren fern der Hochschule in einer ‚undruckgrafischen' Umgebung andere Techniken attraktiver werden."

Michael Reed räumt nach 30 Jahren Lehrtätigkeit ein, dass sich die Zeiten für die StudentInnen geändert haben: „Würde ich an ihrer Stelle die Möglichkeiten der digitalen Medien ausschöpfen?" Die frühe Schulung durch Barry Cleavin und die konstante Lehrtätigkeit hätten ihm geholfen, sein Interesse an den grafischen Techniken wach zu halten, er hält aber auch fest: „Mir war nie ganz klar, warum ich mich fortgesetzt in Druckgrafik ausgedrückt habe, wohl, weil ich dabei eine Gedankenfreiheit finde, die mir andere Techniken nicht bieten. Ursprünglich hat mich angezogen, dass sie in der Kunstschule so ganz unmodern waren, mit einer langen Geschichte des Dissenses, im Gegensatz zu Malerei und Plastik, die sich der High Society Männchen machend angedient haben." Jo Ogier bleibt bei der Druckgrafik aus ähnlichen Gründen, sagt, dass sie persönlich die „fehlende Exklusivität" des Druckes schätze und „die Tatsache, dass damit Kunst erschwinglich wird und mehr Menschen sich daran erfreuen können."

Obwohl Michael Reed und Jo Ogier aus verschiedenen Gründen an der Tradition der Druckgrafik festhalten, sind sich einige andere GrafikerInnen nicht so sicher. Dee Copland zum Beispiel sieht die Zukunft der Druckgrafik in Neuseeland ganz anders: „Sie hat keine Zukunft als eigenständige Kunst. Ob man das bedauern und beweinen soll, mögen andere entscheiden. Ich glaube, dass es den einzelnen KünstlerInnen überlassen ist, Aspekte des Druckprozesses einzusetzen, um die Parameter des Mediums zu verändern und neue Wege zu gehen. Immer sollte die Idee die Mittel, das Material, die Technik bestimmen, um diese Idee bestmöglich auszudrücken. Es ist klar, dass der Künstler das nötige Wissen und die nötige Handfertigkeit haben muss, um die Mittel, das Material etc. richtig einzusetzen. Wann diese Grundlagen gelehrt werden, sollen sich Kunstschule und Hochschule überlegen. In einer Zeit, in der ‚Branding' für den Kreativen wichtig ist, ebenso wie für andere Berufe, fürchte ich, dass es in Neuseeland nur sehr wenige AbsolventInnen geben wird, die sich künftig der Druckgrafik allein verschreiben." Ben Reid behauptet, dass die Zukunft der Druckgrafik nicht allein von der Hochschulausbildung der Zukunft abhängt, sondern dass auch die Verkaufschancen wichtig sind. Er sagt, dass Enge und Charakter des Neuseeländer Kunstmarktes (wo sich noch immer am besten Gemälde verkaufen) einen bedeutenden Einfluss auf die Druckgrafik in Neuseeland haben werden.

Was würden diese KünstlerInnen tun, außer in ihre eigenen Ateliers zu eilen, hätten sie unbegrenzte Mittel und jede Menge Zeit zur Verfügung? Bezeichnend – alle würden für länger nach Übersee gehen. Ben Reids erwähltes Ziel wäre das *Tamarind Institute*, um die Lithografie zu erlernen, während Anna Dalzell sowohl ein Druckstudio in Japan als auch eine Reise nach Deutschland zum Käthe Kollwitz-Museum wählte. Auch Denise Copland begänne ihre ‚grand tour' in Deutschland, aber sie würde „nicht nur der Druckgrafik frönen". Karen Stevenson reiste nach Nord- und eventuell auch nach Südamerika und für Sandra Thomson wäre das erwählte Ziel der *Fabric Workshop* in Philadelphia, der auch in Michael Reeds Reiseplan aufscheint. Er würde auch das *Instituto Cubano de Arte e Industria Cinematografica* in Havanna wegen seiner Druckgrafik „alter Schule mit wenig Technologie" besuchen und, näher der Heimat, in *Theo Tremblay's Editions Tremblay NFP print workshops* in Cairns die Ur-Australier als Mentor in Druckgrafik unterstützen. Reed würde das British Museum in London besuchen und dort Goyas „Desastres de la Guerra", japanische Holzschnitte und pazifische Tapa besichtigen. Elizabeth Moyle und Jo Ogier begännen nicht so weit weg. Moyle reiste über „den Rest des Pazifiks" nach Japan, während Ogier mit Australien begänne, „dann über die Inseln, einige Holzschnitt-Workshops in Japan, ... dann in Richtung England, quer durch Europa, dann nach Amerika ..."

Jo Ogier betont nicht als Einzige, dass Neuseelands geografische Isolation nicht unwesentlich zur Identität der Neuseeländer Druckgrafik beigetragen hat und dass diese „eine laute, multi- und interkulturelle Stimme hat, die unsere eigenen Geschichten erzählt." Die Tatsache bleibt bestehen, dass Leben und Arbeiten in Neuseeland ihren Preis haben. Ein großer Teil der Welt der Druckgrafik ist für unsere KünstlerInnen außer Reichweite, auch wenn heute dank digitaler Kommunikationsnetze und des modernen Reisens die Abgeschiedenheit Neuseelands kein so ein großes Problem mehr ist. Darüber hinaus unterminieren die anhaltend hohen Kosten für die Herstellung von Druckgrafik und deren Versand nach Übersee und die spezifischen Grenzen des Neuseeländer Kunstmarktes die Zukunft der Druckgrafik in unserem Land. Die KünstlerInnen Neuseelands brauchen heute genau wie früher Einfallsreichtum und persönliche Initiative, um ihren Beitrag zu Entwicklung und Veränderung der globalen Tradition der Druckgrafik zu leisten."

Hidden by a Long White Cloud?

Some Notes on Printmaking in New Zealand

Dorothee Pauli

Mention New Zealand art, and most non-New Zealand audiences will draw a blank. Some may have encountered the impressive examples of Maori art held in numerous international museum collections, but few will be familiar with the contribution New Zealanders of European descent have made to the history of visual culture in this country. Moreover, a tour of New Zealand's galleries and libraries would lead interested visitors to the conclusion that painters and their supporters dominate the local art scene. Other genres, and especially the graphic arts, are suffering from comparative neglect. The many well-illustrated surveys and monographs that concern themselves with the achievements of New Zealand's painters have only recently been complimented by a more detailed account of the history of sculpture in this country.[1] No such publication has, as yet, been written to highlight the achievements of New Zealand's printmakers, despite the best efforts of a new generation of scholars who in recent years devoted themselves to documenting the work of both local and expatriate graphic artists.[2] Therefore this article, written with a non-New Zealand audience in mind, aims to provide a brief overview of the history of printmaking in this country, followed by a short discussion of the professional challenges faced by both emerging and established New Zealand printmakers today.[3]

The history of the visual arts in New Zealand is inextricably linked to geographic and demographic determinants. New Zealand is a small island nation, situated about 2000 km southeast of Australia. Of its 4.4 million inhabitants, about 75 percent live in the main urban centers, and between 600,000 and one million New Zealanders live abroad at any given time.[4] While New Zealand's population is smaller than that of many major European cities, it nevertheless displays the national ambitions and cultural complexities of most Western societies. Just

[1] See, for example, Gordon Brown and Hamish Keith, *An Introduction to New Zealand Painting*, Auckland: David Bateman, 1988; Michael Dunn, *A Concise History of New Zealand Painting*, Sydney: Craftsman House, 1991; Anne Kirker, *New Zealand Women Artists*, Sydney: Craftsman House, 1993; Michael Dunn, *New Zealand Painting: A Concise History*, Auckland: Auckland University Press, 2003; Christopher Johnstone, *Landscape Paintings of New Zealand*, Auckland: Godwit, 2006; Christopher Johnstone, *The Painted Garden in New Zealand Art*, Auckland: Godwit, 2008; Michael Dunn, *New Zealand Sculpture: A History*, Auckland: Auckland University Press, 2008.

under 70 percent of its citizens identify themselves as New Zealanders of European descent, 14 percent define themselves as Maori, and the remainder of Asian and Polynesian origin.[5] The strong ties that once bound this country to Great Britain are still evident in New Zealand's political structures, but the cultural influence of the former colonial power has waned, as is the case elsewhere in the Commonwealth. One hundred years ago, however, the picture was very different. At that time, New Zealand, then still proudly referred to itself as the "Britain of the South," thought of itself as socially superior to neighbouring Australia and in most aspects of public life modeled itself closely on the colonial parent culture. The people back "home," curious about the most remote of all of Britain's imperial possessions, first learned about Aotearoa (The Land of the Long White Cloud) through print media.

New Zealand, and specifically its indigenous culture, first came to the attention of Europeans in the eighteenth century following Captain James Cook and other European explorers' voyages of discovery. Their encounters with New Zealand and its inhabitants were captured in the drawings and watercolours by such artists as Stanley Parkinson, whose *Journal of a Voyage to the South Seas*, richly illustrated with engravings, was first published in 1773.[6] Maps, botanical and zoological illustrations proliferated as the exploration of New Zealand progressed, and European periodicals, such as the *Illustrated New Zealand News*, regularly featured idealised engraved images of the country's growing European settlements. Colonial painters employed the printmaking process to disseminate further their images of frontier New Zealand and its inhabitants. An example of this is the lithographs based on the sketches and paintings of Augustus Earl and George French Angas.[7] Angas occasionally even drew directly onto lithographic stone, but the only specialist printmaker to visit New Zealand in the nineteenth century was Charles Meryon,[8] who was stationed at Akaroa in the 1840s.[9]

New Zealand's first art and technical schools offered instruction in a variety of printmaking techniques, such as wood engraving, lithography and etching, from the 1880s onwards, but these classes were taught with an emphasis on the commercial application of the print media such as poster work and illustration. New Zealand tertiary teaching institutions at the time followed the curriculum of the South Kensington School of Art and Design in London, which had been established in 1851 with a view of improving British standards of industrial design. The South Kensington curriculum emphasized the importance of high standards of craftsmanship, geometry and the acquisition of pre-existing language of ornamental forms, rather than the development of artistic creativity and innovation. Some specialist print portfolios were published in the late 1800s, one of the first

[2] For an overview of articles concerning themselves with the careers of New Zealand printmakers, see Gail McDonald Ross, "New Zealand Prints 1900-1950: An Unseen Heritage,"PhD thesis, University of Canterbury, Christchurch, 2006, 10-11.

[3] The artists consulted for the second part of the essay were Jo Augier, Barry Cleavin, Denise Copland, Anna Dalzell, Elizabeth Moyle, Michael Reed, Ben Reid, Karen Stevenson and Sandra Thomson.

[4] "A Nation of Migrants." http://www.teara.govt.nz/en/kiwis-overseas/1

[5] "New Zealand 2006 Census." http://www.stats.gvt.nz/Census/2006CensusHomePage/QuickStats/quickstats-about-a-subject/culture-and-identity/ethnic-groups-in-new-zealand.aspx

[6] Rüdiger Joppien, "Die Künstler auf den Reisen des James Cook," in *James Cook und die Entdeckung der Südsee*, Bonn: Kunst-und Ausstellungshalle der Bundesrepublik Deutschland, 2009, 112.

[7] See, for example, George French Angas, *Honi Heke and Patoune* (c1847), Auckland Art Gallery Toi o Tamaki.

being E.W.Payton's collection of etched views of Auckland and Rotoura (1888).[10] But as Gail Ross has argued, their training within the South Kensington system, as well as their versatility and involvement with commercial applications of the print, such as textile design, bookplates and poster work, relegated the first generations of New Zealand printmakers to the margins of the local art world until well into early twentieth century.[11] In terms of subject matter, many tried to emulate their British counterparts, or later examined the motifs of Maori culture and mythology, but neither strategy secured enduring success. The New Zealand art market of the early twentieth century was extremely small and its audience, unaccustomed and largely hostile to modernist trends in art, favoured landscape work with a regionalist focus, still-lifes and portraits of local dignitaries.

Even those artists who received extensive training abroad faced considerable difficulty in developing and maintaining their printmaking practice when confronted with the particular preferences of their New Zealand audiences. A telling example of this is the career of painter and draftsperson Mina Arndt (1884–1926), a New Zealand artist of German-Jewish origin, who initially studied in Wellington, and from 1907 to 1915 trained in London, Newlyn and Berlin.[12] Arndt first explored etching as a viable extension of her artistic repertoire in response to the renewed interest that printmaking enjoyed in Europe, but also Australia, in the late nineteenth and early twentieth centuries. On her return to New Zealand, she became a founding member of the Australian Painter-Etcher Society (APES), established in Sydney in 1920.[13]

Between 1921 and 1933, the APES mounted a total of 27 exhibitions in Sydney, Melbourne, Adelaide and Brisbane, each comprising between 150 to 250 prints. Thus the APES was far more active than its New Zealand equivalent, the Auckland-based Quoin Club, founded in 1916 by Thomas Gulliver and Arnold Goodwin. In its 13 year existence, the Quoin Club, which had a regionalist focus and arguably represented the most progressive aspect of New Zealand printmaking at the time, organised only three exhibitions and published just two portfolios of prints. Moreover, from 1925 onward it intentionally excluded women from its membership.[14] Arndt, who at this point had not adopted any sort of regional focus in her work, therefore was well advised to join the APES rather than its New Zealand counterpart.

Between 1921 and 1924, Arndt exhibited a total of sixteen etchings with the APES, mainly in Australia.[15] They included in 1921 one of her Jewish subjects, the freely drawn *Old Jew's Head*, a copy of which was purchased for the National Gallery of New South Wales.[16] The same work, along with Paper Barges, was also reproduced in a special edition

[8] Gordon Brown, "Introduction," in *The Print Council of New Zealand: Exhibition Catalogue 1969*, n.p. Print Council of New Zealand Related Correspondence and Ephemera, CA000014, Museum of New Zealand Te Papa Tongarewa, Wellington.

[9] "Meryon, Charles 1821-1868." http://www.nzetc.org/tm/scholarly/tei-PlaNine-t1-body-d1-d820.html

[10] Brown (1969), n.p. Examples of these etchings are held at the Alexander Turnbull Library, Wellington.

[11] Ross, 7.

[12] See Dorothee Pauli, "Mina Arndt (1885-1926): The Making of a New Zealand Artist," PhD thesis, University of Canterbury, 2000.

[13] It was Australian artist Gayfield Shaw who first suggested that a group of Sydney artists should initiate an art society devoted entirely to the art of printmaking that should include as its members not only Australia's, but also New Zealand's painter etchers. Shaw wrote to the most likely candidates, which in New Zealand were Archibald Nicoll, H. Linley Richardson, Richard Wallwork, Flora Scales and Mina Arndt. It is more than likely that Shaw knew the New Zealand artists by name only from their exhibits with New Zealand art societies.

of *Art in Australia* in 1921, which was devoted to the work of Australian and New Zealand printmakers.[17] However, Arndt soon found that her Jewish subject matter was of little or no interest to her New Zealand audiences.[18] Instead she exhibited etchings with Cornish subjects, perhaps working from drawings she produced many years earlier. This was consistent with the practices of other New Zealand artists, such as Margaret Stoddart, who frequently showed views of 'Home' in her contributions to the annual exhibitions of New Zealand's art societies. Arndt also began to etch the kind of character heads she most often drew in charcoal, but neither strategy proved successful. Struggling to address the limitations of the local art market and a profound sense of artistic isolation, especially so once she settled in the tiny township of Motueka, Arndt failed to progress as a printmaker. Her cause was not helped because at the time exhibition opportunities for specialist printmakers remained the exception. Where printmaking sections were included in the annual exhibitions of New Zealand's art societies, they were invariably relegated to the tail end of the relevant newspaper reviews, and thus retained their lowly rank in the hierarchy of the arts in New Zealand. The situation changed for the better with the arrival of more progressively minded teachers recruited from Britain in the 1920s by New Zealand's then Superintendent of Technical Education, William Sanderson La Trobe (who initiated the so-called La Trobe scheme of art education).

In their interpretation of the Arts and Crafts spirit, some La Trobe scheme teachers, among them Roland Hipkins and R.N. Field, rejected an artificial segregation of the visual arts. Their more progressive outlook encouraged the formation of The Group[19] in 1927, later to be (temporarily) replaced by the New Zealand Society of Artists, which held its first general exhibition in 1933. This artists' collective aimed to foster an art of national identity, encourage the inclusion of drawings and prints in its exhibitions, and increase the holdings of New Zealand art in the country's public galleries.[20] At the time, the latter still preferred to spend their acquisitions budget on examples of British academic art, which they hoped would function as quality teaching aids for local art students. In contrast, the La Trobe teachers introduced their students to the formal qualities of Post-Impressionism, and encouraged a regionalist turn in New Zealand art, which focused on the particularities of rural life, local fauna and flora and Maori culture. These themes are evident in the wood engravings of E. Mervyn Taylor (1906–1964), one of New Zealand's most prominent early twentieth century printmakers. His work, which took on a distinct neo-romantic flavour in the 1930s, also illustrates how local printmakers, in order to make a living, combined various aspects of commercial work with the production of print editions. Art, in Taylor's view, was about communi-

[14] Ross, 50.

[15] See catalogues of the APES, Sydney 1921, Melbourne 1921, Adelaide 1922, Sydney 1922, Christchurch 1923, Sydney 1924.

[16] *The Sydney Morning Herald*, June 9, 1921, 10.

[17] *Art in Australia*, vol. 3, no. 9, 1921; plate 68: *Paper Barges*; plate 69: *Study of an Old Man's Head*.

[18] Mina Arndt was a professing, but not an orthodox Jew. During World War I and through the 1920s, various racial theories began to be circulated more frequently in New Zealand papers. While racism in New Zealand concerned mostly people of Chinese and Dalmatian descent, Jews also were coming into focus as the target of racial discrimination and mistrust - a trend that might have persuaded Arndt not to advertise that she was indeed Jewish. For an investigation of Anti-Semitism in early 20th century New Zealand see M.F.La Rooij, *Political Antisemitism in New Zealand during the Great Depression: A Case Study in the Myth of the Jewish World Conspiracy*, M. A. thesis, Victoria University of Wellington, 1998.

[19] "The Group." http://christchurchcitylibraries.com/Heritage/Publications/Art/The-Group/

cation, an opinion he found readily confirmed by his ongoing involvement with commercial graphic design as well as book and magazine illustration.[21] Taylor, for example, introduced a new generation of young New Zealanders to the qualities and expressive possibilities of printmaking while working as the art editor and illustrator of the School Publications branch of the Department of Education in the 1940s – especially through his illustrations for the widely-read *School Journal*.

Taylor's career coincided with a new appreciation of the print as the most democratic of all art forms, an idea that gained increasing traction in the politically charged and economically challenging 1930s. New Zealand was not spared the social misery caused by the Great Depression, which was further accentuated by the political mismanagement of the crisis. As was the case elsewhere, New Zealand printmakers used the idiom of Social Realism to voice their increasingly left-wing views on the subject. A good example of this is Stephen Champ's wood engraving *Strictly Non-Controversial* (1933),[22] while Leonard D. Morrison's linocut *To the Tune of the Devil's Attack* (1932)[23] clearly expresses anti-war sentiments. At the time, and following similar developments in Europe, linocuts and wood engravings increased in popularity at the expense of etching and paved the way for a more modernist turn in printmaking. While Champ and Morrison are all but forgotten today, E. Mervyn Taylor went on to become one of the few early twentieth century New Zealand printmakers to gain any sort of profile abroad. In 1950, for example, he was made a member of the Society of Illustrators in New York and in 1954, a solo exhibition highlighting his depictions of New Zealand's indigenous plants and animals was staged at the American Museum of Natural History in New York. But he was also well regarded on the other side of the Iron Curtain: the International Institute of Art and Letters in Lindau in the former GDR appointed him a fellow in 1953, and in 1958 the Ministry of Culture invited him to stage a large solo exhibition in Russia.[24]

Here it needs to be remembered that Taylor's overseas exhibitions were heavily sponsored events. Constructing an international profile and organizing touring exhibitions from New Zealand was (and still is) a fraught and costly enterprise. For this reason, and the many more professional opportunities and ongoing inspiration offered by Australia, Europe and the U.S., New Zealand artists, such as James Boswell, Raymond McIntyre, May Smith and Adele Younghusband, opted for an expatriate existence. In the twentieth century, few European printmakers reversed this trend, an exception was English-born artist and designer Eileen Mayo (1906–1994). She arrived in New Zealand in 1962, and like Taylor, was a tireless promoter of print making in New Zealand.[25] Mayo was one of the many printmakers who participated in

[20] Ross, 106. The Society purchased locally produced prints to donate to New Zealand public art galleries, and encouraged the sale of prints by offering deferred payments and by allowing potential buyers to make private offers to the artists concerned. Members and subscribers of the Society also received one free print annually.

[21] Douglas Horrell, *The Engaging Line: E. Mervyn Taylor's Prints on Maori Subjects*, M.A. thesis, University of Canterbury, 2006, 39.

[22] Ross, 101.

[23] Ibid., 102.

[24] Tony Mackle, "Taylor, Ernest Mervyn 1906-1964." Dictionary of New Zealand Biography, updated 22 June 2007, http:/www.dnzb.govt.nz/

[25] For a detailed discussion of Mayo's contribution to the history of printmaking in New Zealand see Jillian Cassidy, *Shifting Boundaries: the Art of Eileen Mayo*, PhD thesis, University of Canterbury, 2000.

the regular exhibitions of the New Zealand Print Council. The Council was launched in 1967 at the initiative of Auckland gallery owner, printmaker and teacher Kees Hos, and Dr. Walter Auburn, a German physician and active collector of prints, who settled in Auckland in 1948. Auburn had a special interest in sixteenth and seventeenth century European prints, but was also "fascinated by the open-mindedness of New Zealand artist printmakers and enjoyed the innovation of new technical approaches and imagery."[26] The primary aim of the New Zealand Print Council was "to arrange and select a two-yearly exhibition of prints by New Zealand print makers [sic] to be shown in the main centres, and later to be made available to other New Zealand and overseas galleries."[27] The Print Council exhibitions certainly served to invigorate printmaking in New Zealand and provided useful networking opportunities for both established and emerging printmakers with such artists as John Drawbridge, Barry Cleavin and Mervyn Williams meeting each other for the first time at the inaugural exhibition of 1967.

The Print Council lasted for nine years, and it contributed in no small measure that by the 1970s "the original print reversed its position as the poor relative of the visual arts and began to command attention as a unique, fully resolved form of pictorial expression."[28] Workload issues, financial concerns and the lack of a regular, worthwhile publication to support the exhibitions are some of the factors that contributed to the eventual demise of the Print Council, as were the ever-present regional differences of opinion in the small, but divided New Zealand art world. Since then the Whanganui-based Central Print Council of Aotearoa New Zealand, initiated by Marty Vreede, and Toi Whakataa, a Maori printmaking collective founded in 2006, has taken over many of the functions of the erstwhile Print Council. For Toi Whakataa (which means 'to make an impression') the "confirmation of cultural issues is clearly an important issue, as is the need to the ways in which a non-traditional medium can be incorporated onto the range of forms by which the culture is defined."[29] Like its predecessor, The Central Print Council has practical issues in mind, aiming, for example, to "help provide its members with access to specialist equipment, facilities, and educational opportunities."[30]

Today, the graphic arts once more lead a Cinderella existence at most New Zealand art schools and access to specialist equipment (including paper stocks) can be a problem especially for younger New Zealand printmakers. The cost of setting up a printmaking studio has always been prohibitive in New Zealand. In the past, this not only encouraged the production of make-shift printmaking presses fashioned from old mangles, but also a wide-spread experimentation with cheaper mediums such as the screen-print or drypoints scratched into blocks

[26] Anne Kirker, *Prints - A Coming of Age*, The Walter Auburn Memorial Lecture, Auckland: The Friends of the Auckland City Art Gallery, 1987, n.p.

[27] Brown (1969), n.p.

[28] Kirker (1987), n.p.

[29] Richard Noyce, *Critical Mass: Printmaking Beyond the Edge*, London: A&C Black, 2010, 156.

[30] "Pressing Matters: The Central Print Council of Aotearoa New Zealand," http://cpcanz.org.nz/about/

of plaster.[31] Established specialist print institutes, similar to the *Kelpra Studio* in London, do not exist in New Zealand, with the exception of *PaperGraphica*, the Christchurch-based gallery and print studio run by Marian Maguire. In addition, there are a handful of dealer galleries currently specializing in prints and other works on paper. Their exhibitions attest to the richness of topics tackled by New Zealand printmakers today, ranging from issues relating to New Zealand's colonial past and the formation of artistic identity in a post-colonial, multicultural society, the threat posed by global warfare, religious extremism and bigotry and, perhaps most prominently, the environmental challenges faced by New Zealand and its neighbours in the South Pacific.

A number of New Zealand's established printmakers, such as Denise Copland, Michael Reed, Marilyn Webb and Robin White, continue to exhibit internationally (as they have done for much of their careers) but does New Zealand's geographical isolation remain a barrier to these activities? To gauge if living in the "global village" allows current practitioners to sidestep the professional limitations experienced by their predecessors, the author recently canvassed the opinions of a group of both established and emerging graphic artists. By way of a short questionnaire, they were invited to comment on the state of the graphic arts in this country, and to describe how they negotiate living and working in Aotearoa New Zealand in 2010.[32]

At this point, it bears remembering that expatriation is a persistent theme in the history of New Zealand art. Most New Zealand artists, regardless of the nature of their practice, at some stage of their career, become aware of the professional limitations imposed on them by a small and fractured art world – and especially the younger printmakers consulted for this project confirm this observation. When asked if he feels isolated from international developments in printmaking, Ben Reid agrees. During a visit to Australia in 2008 he discovered "just how little knowledge Australian printmakers had of New Zealand art and artists generally, let alone printmakers. I don't think that many artists in Australia could name more than one or two New Zealand artists ... I'm sure New Zealand's impact on arts communities in Asia, North America and Europe is even less. So yes, I do feel isolated here ..." Anna Dalzell, another young New Zealand printmaker, notes how technology has improved local access to global print networks, but she would "love to have easier access to more print exhibitions. It would be great to participate in international print conferences and events without the expense of overseas travel. Yes, sometimes I feel isolated but maybe it's not such a bad thing, it's the reality of living in New Zealand." Karen Stevenson adds that at times "it has felt like print is valued more as a medium overseas."

[31] See, for example, Pat Hanly, *Girl's Head*, (1964), Auckland Art Gallery Toi o Tamaki.

[32] Each artist was emailed set questions relating to the challenges facing New Zealand printmakers today. Rather than referencing each and every quote, it should be noted that the individual artists all responded in email format, addressed to the author, in September 2010. While the collated responses provide little more than a snapshot of the opinions local printmakers have of the state of their art in New Zealand, it is hoped that this short essay will lead to a larger, more detailed examination of contemporary printmaking in New Zealand.

Established artists Denise Copland, Michael Reed and Sandra Thomson accommodate their geographic isolation from the rest of the printmaking world more easily. Reed suggests that taking matters into one's own hands is the most successful strategy in that regard, adding that if he only relied on local or national curatorial initiatives he would feel very isolated indeed. Copland, in her own words "never really worried" about New Zealand's marginal position, stating that "regular mail and email contact with artists in Europe, Australia, France, Tasmania, Singapore, China, Japan and America keeps me connected with the 'world' of art. Added to this, the internet, international art books and magazines help me to keep up-to-date with current art practice." Thomson agrees that books, magazines and websites help keep New Zealand artists abreast of developments abroad. She would also welcome the opportunity to be part of further international initiatives, such as Philagraphica 2010, which included works by both herself and Reed. Jo Ogier states that finding out about such shows remains difficult and the "exorbitant cost" of postage discourages her participation at such events.

As alluded to above, most of the established printmakers consulted for this project maintain some sort of regular contact with members of the global printmaking community or are part of international networks established in their capacities as teachers or through their participation in art events outside of New Zealand. The recent graduates all but lack these forms of contacts and would, therefore, clearly profit from easier access to printmaking initiatives abroad. However, it is clear to most that one's ultimate success as an artist cannot be entirely dependent on external support. Michael Reed states that "no matter where you live you cannot access everything all the time. At some stage to be productive you have to close the shutters, think and make, wherever you are." His former teacher, Barry Cleavin, goes one step further. At this point in his career he considers himself largely independent of relevant social and professional networks: "I think that the questions rather presuppose that one needs societal elements and interaction with others in order to feel 'in', or involved 'in' something. My disposition is the opposite of that. The workshop, reading, music, with the occasional foray to the library, Countdown or Pak'n'Save [supermarkets], gives me as much of the real world as I care to deal with. This is enough for me 'at my age'. To draw in a museum from objects when I sit at a table or events, such as graphically recording the 'Killing of Dushasana" in Sydney earlier this year, or being involved with the 'Spirit of India' concerts, is rewarding in/for itself."

Michael Reed, who is a self-reliant individual similar to Barry Cleavin, nevertheless notices a relative lack of institutional support for New

Zealand printmakers. He believes that the New Zealand curatorial scene is dominated by two small sets; the first essentially conservative in its mindset, the other trying hard to follow whatever trends emerge internationally. Both, in his view, subscribe "to the established hierarchy of the arts. In that respect I admire Australia, it seems to have a healthier diversity of attitude and support for a wider range of disciplines amongst its curatorial tribe." In New Zealand, Sandra Thomson still sees printmaking treated like "the poor cousin of painting," a view also shared by the younger printmakers like Anna Dalzell, who thinks that "a small print community and [a] relatively small population must also contribute to this." To this Ben Reid adds that the general public lacks a basic understanding of the differences between original prints and mass produced reproductions, a point that interestingly harks back to the discussions the former members of the Print Council of New Zealand had as to what constituted an original print. Elizabeth Moyle, also a recent graduate, notes that New Zealand art competitions "often have no prints in their selection," which she links to the fact that local audiences are largely ignorant of the process and the time involved in making a print. Denise Copland, however, has made the conscious decision to no longer concern herself with the question whether or not printmaking is valued enough in New Zealand, because "to do so in my view is wasted time and energy. Instead I prefer to just get on with making new work using a variety of mediums and materials to do so." To this Barry Cleavin adds: "To be involved in any speculation regarding the hierarchical order of this or that visual art form is simply a negative response to the way things are, or perhaps to the way that they have always been." Copland also has few concerns for her own and the future of New Zealand art in general. She left her tertiary teaching post some years ago, a decision that proved beneficial for the new direction her work was taking: "... now I have a greater freedom in which to make my work and live my life. As the boundaries between painting, sculpture, drawing, time based and digital art have blurred, embracing this and the changes that have taken place in New Zealand art and internationally has provided an opportunity to move forward, not only for myself but for the creative sector."

Both the established and emergent printmakers consulted for this article believe that organisations like the Central Print Council are of merit, especially for younger artists aiming to establish professional networks. This is seen as especially important as most perceive the future of printmaking in New Zealand as somewhat uncertain. As a younger artist, Ben Reid is cautiously optimistic and feels that the forays into printmaking undertaken by some of New Zealand's established painters and sculptors, such as Ralph Hotere, will further increase a general awareness of the print as an affordable art work.

Anna Dalzell is not so sure. She believes that "printmaking is not as valued as it should be. I worry that print, especially the traditional methods of etching, lithography and engraving, ... will die out." As a part-time printmaking tutor, she thinks that "specialist invaluable printmaking equipment is undervalued and underutilized" in New Zealand's art schools. Sandra Thomson recognizes that for younger New Zealand printmakers, lack of access to expensive equipment once they have left art school is an ongoing issue. Elizabeth Moyle confirms this: "Not being able to buy the right inks [and] equipment is a bit of a hassle. And although I am aware of online access [to buy specialist equipment] not having tried the majority of suppliers, ... online is not an easy option." She is also aware that the relatively weak New Zealand currency contributes to the prohibitive costs involved with setting up and maintaining a specialist printmaking studio. For this reason, "lithography [and] varying intaglio techniques ... are out of reach [for me] at the moment." Moyle states that her "innate New Zealand do-it yourself attitude" helps with such matters, but concedes that after "a few years outside of a tertiary institution, in this 'unprintmaking' environment the other [art] practices become more appealing."

Michael Reed, with more than 30 years of teaching experience behind him, acknowledges that times have changed for his students: "Would I be looking at what digital [media] had to offer if I was them now?" He acknowledges that having Barry Cleavin as an early mentor, as well as steady teaching work, helped him sustain his interest in the graphic media, but at the same time he notes, "I have never been absolutely clear about why I have continued with printmaking as a mode of expression other than it offers me a flexibility for my way of thinking that other mediums don't. My initial attraction to it was because it was so unfashionable at art school and that it had a strong history of dissent rather than the posing and pandering to high society that painting and sculpture had." Jo Ogier remains committed to printmaking for similar reasons, stating that she personally likes "the non-exclusivity" of the print and "the fact it makes [art] more affordable and more people get to enjoy it."

Michael Reed and Jo Ogier, for a variety of reasons, will not waver in their commitment to the tradition of print making, but some current practitioners are not so sure. Dee Copland, for example, offers an altogether different assessment of the prospects of New Zealand printmaking: "Its future as a specialization is all but gone. Whether this is something to lament or rail against is for others to decide. I now believe it is up to the individual artists who choose to use aspects of the print processes to extend the parametres of the medium and lead the way. It should always be the idea that determines what medium, materials, processes and techniques are best suited to express that idea. Obviously, an artist needs to have the necessary knowledge and skills to manipulate the mediums, materials etcetera. At what stage these fundamentals are taught is a question and discussion for the secondary and tertiary sector to engage in. In a time when 'branding' of the individual … is seen to be an important aspect of the creative and for that matter many other professions I suspect that there will be very few [future] graduates who will fly the flag solely for the graphic arts in New Zealand." Ben Reid maintains that the future of printmaking in New Zealand is not only dependent on future directions in tertiary training, but also cites ongoing sales opportunities as crucially important. He thereby acknowledges that the limited size, as well as the particular nature of the New Zealand art market (where paintings are still the most commonly traded items) will have a significant impact on the future of the New Zealand print.

Aside from heading to their own studios, what would these artists do if they had access to limitless funds and as much uninterrupted time as they could wish for? Rather tellingly, all of them would spend considerable time overseas. Ben Reid's destination of choice would be the Tamarind Institute to learn lithography, while Anna Dalzell would divide her time between a print studio in Japan and a tour of Germany, where she would like to visit the Käthe Kollwitz Museum. Germany is also where Denise Copland would start her "grand tour," but she would not restrict herself " to indulging just in printmaking." Karen Stevenson would travel to North and perhaps South America, while the destination of choice for Sandra Thomson would be the Fabric Workshop in Philadelphia, which is also included in Michael Reed's itinerary. He also would go to the *Instituto Cubano de Arte e Industria Cinematografica* in Havana for "its old-school, low-tech" printwork, while closer to home he would like to help mentor and support print work by indigenous Australians at Theo Tremblay's Editions Tremblay NFP print workshop in Cairns. For an educational experience, Reed would head to the British Museum in London to see their holdings of Goya's *Disasters of War*, Japanese woodcuts and Pacific tapa. Elizabeth Moyle and Jo Ogier would start closer to home. Moyle would travel to Japan, via "the rest of the Pacific," while Ogier would begin in Australia, "then head through the islands, do some workshops in Japan on woodcutting … then head to England, across Europe, then to America … ."

Jo Ogier is not alone when she insists that New Zealand's geographic isolation has to some extent contributed to the particular identity of New Zealand printmaking and that it "has a very multi- and cross-cultural voice which [sic] tells our own stories." The fact remains that there is still a real price to pay for living and working in Aotearoa New

Zealand. So much of the world of printmaking remains out of easy reach for local artists, even if digital communication networks and modern modes of travel have rendered New Zealand's remoteness less of an issue. In addition, the continuing high cost of print production and sending one's work overseas, as well as the specific limits of the New Zealand art market continue to undermine the future of the print in this country. Now, as before, New Zealand artists will need to rely on their own resourcefulness and personal initiative as they make their contribution to the rapidly evolving and changing global traditions of printmaking.

Wasserlose Lithografie – Siligrafie

Eine ungiftige Flachdruck-Alternative in der bulgarischen Kunsterziehung und in der kreativen Arbeit bulgarischer KünstlerInnen

Snejina Bisserova

Heute leugnet wohl niemand die bedeutende, um nicht zu sagen grundlegende Rolle von Technik, neuen Materialen, Arbeitsgrundlagen und Methoden in der Entwicklung der bildenden Kunst. Die Interpretation von Form und Raum in der zeitgenössischen Kunst, das Werden der plastischen Idee, sogar die einzelnen Schritte in Richtung eines individuellen Stils, einer individuellen Technik hängen unglaublich eng mit dem Aufkommen neuer Materialien zusammen. Dieser Einfluss trifft ganz besonders auf die Entwicklung der Druckgrafik als unabhängige Kunstrichtung mit ihrer eigenen, wohl differenzierten, wohl fundierten Theorie zu. Die feste Verbindung mit den zeitgenössischen Techniken ergibt sich aus der Natur der Druckgrafik selbst, welche ihren Niederschlag in einem Druckprozess findet, der die wichtigste, ureigene und unwiderrufliche Funktion dieser Kunst unterstreicht, nämlich ihre Mitteilsamkeit.

Die bearbeitete Matrize, Trägerin des Bildes und Mittlerin zwischen der Idee und deren Abbild auf Papier, ist die Grundlage dieser Verbindung. Es ist kein Zufall, dass, sobald ein künstlerisches Konzept entsteht, jeder Druckgrafiker sein Kunstwerk für ein bestimmtes Material und eine bestimmte Technik plant und entwirft, alle weiteren Stadien vorhersieht, bis das endgültige Resultat, das grafische Blatt, erreicht ist.

Die technische Komponente, deren Rolle immer wichtiger wird, ermöglicht, dass sich die Grenzen zwischen den einzelnen Künsten bis zu einem gewissen Grad verwischen. So ist zum Beispiel die Farbe, zweifellos ein charakteristisches Ausdrucksmittel der Malerei, zu einem unverzichtbaren Sprachelement der zeitgenössischen Grafik geworden, und besonders eindrucksvoll in der Original-Druckgrafik, denn in der angewandten oder Werbegrafik hat die Verwendung von Farbe längst ihre traditionellen Parameter. Gleichzeitig dominieren schon seit Jahren großformatige Druckgrafiken die Ausstellungsräume. Es ist schon lange her, dass der dreidimensionale Abdruck, eine aus Papier händisch hergestellte räumliche Komposition, die ihre Mittel und Tricks aus dem Bereich der Skulptur borgt, noch Aufsehen erregte. Im letzten Jahrzehnt hat die Technik zusätzliche Möglichkeiten eröffnet, die Arbeit erleichtert, und die Computertechnologie schlug in der zeitgenössischen Kunst und insbesondere in der Grafik ein wie ein Blitz. Einige klassische Techniken und traditionelle Methoden verlieren an Boden und werden durch neue, schnellere, effizientere, leichter zugängliche und gleichzeitig weit weniger toxische Prozesse ersetzt. Gewünschte Effekte können mit mehr als nur einer Methode erzielt und reproduziert werden. Außerdem könnte sich kein Grafiker oder Drucker das gesamte Repertoire an Fähigkeiten zur Nutzung sämtlicher heute zu Gebote stehenden Techniken aneignen. Ursprünglich unvereinbare Techniken werden heute mit Leichtigkeit kombiniert – Hochdruck mit Tiefdruck, Lithografie, Fotokopie, Collografie, Siebdruck und wasserlosem Druck mit dem einzigen Ziel, Textur und Farbigkeit zu bereichern und damit auch den vielschichtigen Effekt des grafischen Eindrucks zu bereichern.

Die Möglichkeiten der visuellen Kommunikation sind zweifellos einen langen Weg gegangen und entwickeln sich weiter. Niemand kann die Zukunft der künstlerischen Grafik und insbesondere der Druckgrafik vorhersehen. Allerdings hat sie ihren eigenen, bereits determinierten Bereich, und es wird dafür immer ein kultiviertes, engagiertes und begeistertes Publikum geben. Die vielen neuen Wege, beachtenswerte Druckgrafiken zu schaffen, geben den KünstlerInnen, die sich dieser Kunstform verschrieben haben, die Möglichkeit, in ihren Werken eine außergewöhnliche Wirkung und ästhetische Kraft zu erzielen. Die Technik ist lediglich das Mittel, den letzten Zweck zu erreichen und das Niveau der Kunst zu erhöhen.

Die druckgrafische Technik, die hier vorgestellt wird, die wasserlose Lithografie oder Siligrafie, ist erst in den letzten Jahren des 20. Jahrhunderts entstanden. Sie zeichnet sich durch unglaubliche Einfachheit und leichte Zugänglichkeit aus, bietet reichlich bildliche und expressive Möglichkeiten und breiten Raum für technische Experimente und Kreativität. Und nicht zuletzt ist die Siligrafie, verglichen mit den meisten anderen Methoden der Druckgrafik, nur wenig toxisch.

Wasserlose Lithografie – theoretische Grundlagen

Vor mehr als 200 Jahren erfand Alois Senefelder den chemischen Druck, die Lithografie, als Wechselwirkung von Fett und Wasser. Obwohl diese Technik der Druckgrafik eine Vielzahl von Ausdrucksmöglichkeiten bietet und im Bereich des gewerblichen Druckes und des Buchdruckes die meisten anderen Techniken ersetzen kann, verursacht die Verwendung von Wasser den Druckern doch etliche Unannehmlichkeiten. Deshalb träumten sie auch stets von einer Drucktechnik, die komplett ohne Wasser und die damit verbundenen Nachteile auskäme.

Gegen Ende der 1960er Jahre experimentierte der New Yorker Harry Hoehn mit dem damals gebräuchlichen RTV-Silikon. Einige Jahre später versuchte 3M, eine wasserfreie Methode für die Druckindustrie zu entwickeln. Trotz hoher Investitionen in die Vervollkommnung der Platte für die wasserlose Fotolithografie schaffte es 3M jedoch nicht, kompatible Farben zu entwickeln und verkaufte die Patente Anfang der 1970er Jahre an die japanischen *Toray Industries*. Die Japaner wiederum entwickelten ihre eigenen Platten, Farben und Kühlsysteme für die Druckerpressen, sorgten für Temperaturkonstanz und eine beständige Viskosität der Farbe während des Druckens. Heutzutage sind *Torays* Druckplatten am Markt ebenso bekannt wie analoge wasserlose Fotoplatten (positiv und negativ), und erlauben Reproduktionen von sehr guter Qualität, ja, sind den meisten konventionellen Techniken in Genauigkeit und Kontrast überlegen. Darüber hinaus bietet der wasserlose Druck größere Farbdichte, ein erweitertes Farbregister und höhere Druckgeschwindigkeit. Darum gibt die Druckindustrie mit ihren hohen Auflagen dem wasserlosen Druck den Vorzug. Es handelt sich hier um eine absolut fotografische, also reproduktive Methode, d.h. das Bild muss zuerst auf Papier oder einen anderen Untergrund gezeichnet und anschließend auf die Platte projiziert werden. Ein Bild von Hand aus direkt auf die Platte zu zeichnen, ist nicht möglich, d.h. die Technik kann nicht für die Original-Druckgrafik angewandt werden. Hauptsächlich aus diesem Grund, aber auch wegen der hohen Kosten und schwierigen Beschaffbarkeit sind *Torays* Platten bei KünstlerInnen nicht sehr populär.

Man bemühte sich, eine Methode der wasserlosen Lithografie zu finden, die direktes Zeichnen, manuelles Entwickeln und Drucken ohne Verwendung einer lithografischen Presse ermöglichte. 1982 begann sich Nik Semenoff, Professor an der Universität von Saskatchewan in Saskatoon, Kanada, für das Konzept des wasserlosen Druckes zu interessieren. Er versuchte unter den Bedingungen seines Studios, wo Silikon statt des farbabweisenden Films für die freibleibenden Partien verwendet wurde, von Hand aus ohne Presse zu drucken. Bei seinen

Experimenten mit verschiedenen Silikondichtstoffen entdeckte er, dass mit Hilfe der wasserlosen Methode lithografische Zeichen von gewöhnlichen Aluminiumplatten gedruckt werden können. Diese Entdeckung wurde in der Zeitschrift *Leonardo* 1991 publiziert. Danach begann Semenoff seine Technik zu verfeinern. Gegenwärtig ist er eine der großen Autoritäten auf dem Gebiet der „wasserlosen Lithografie", wie er sie selbst genannt hat, die in Kanada und den USA weit verbreitet und in Europa als Siligrafie bekannt ist. In seinem Studio in Saskatoon entwickelt Semenoff Zeichentechniken mit Toner-Tinten und Toner-Kreiden, Bildübertragung und Tonumkehr, kombiniert mit Bildern, die von Fotoplatten seiner eigenen Bauart gedruckt wurden. Seine Zeichentechnik auf den Rückseiten der gebrauchten Offsetplatten, die später recycelt werden können, ist raffiniert und ökonomisch zugleich.

1992 trug auch Veda Ozelle, ein Masterprinter am Tamarind Institute, Maßgebliches zur wasserlosen Methode bei. Er entdeckte das Potenzial einer nicht toxischen Drucktechnik unter Verwendung wasserlöslicher Zeichenmaterialien – Plakatfarben auf Pulverbasis, wasserlösliche Kreiden und Pastellfarben, Farbstifte, Sumi-Tusche und Gummi arabicum. Während der letzten Jahre haben sich etliche Künstler Innen immer wieder der wasserlosen Lithografie bedient, u.a. Perry Tymson, Jeffrey Sipple, Frank Janzen, Ross Zirkle, Paul Croft und Jacob Semko.

Tatsächlich unterscheidet sich die Siligrafie als Drucktechnik wesentlich von der traditionellen Lithografie. Obwohl die Ergebnisse einander weitgehend gleichen, sind die einzigen Berührungspunkte der beiden Techniken einige konzeptuelle Aspekte. Siligrafie ist wie Lithografie ein Flachdruckverfahren, d.h. die druckenden (Farbe aufnehmenden) und die nicht-druckenden (Farbe abstoßenden) Teile liegen auf der Oberfläche des Druckstockes auf derselben Ebene.

Das grundlegende Prinzip des wasserlosen Druckes basiert darauf, dass Silikon, das für die freibleibenden Partien der Druckplatte verwendet wird, eine sehr geringe Oberflächenspannung hat. Das heißt, dieses reaktionsträge Material stößt die Farbe ab, wenn sie eine ausreichende Viskosität aufweist. Insgesamt verlangt Siligrafie nach weit weniger Chemie und nach weniger Zubehör, das meist leicht zu bekommen und durchaus erschwinglich ist im Vergleich zu Zubehör und Verbrauchsmaterial für die traditionelle Lithografie. Darüber hinaus sind die meisten Stoffe ungiftig oder von nur geringer Toxizität. Ätzen ist nicht mehr notwendig, die Verwendung von Säure ist obsolet. Die freibleibenden Partien sind mit Silikon bedeckt, die Druckplatte bleibt stabil. Zarte Schattierungen können besser mit der Siligrafie reproduziert werden als in der Lithografie, wo der Unerfahrene sie leicht wegätzen kann. Weil das Druckverfahren kein Wasser benötigt, bleiben auch die Papiermaße weitgehend konstant, was eine hohe Qualität bei mehrfarbigen Drucken mit passgenauer Einrichtung der Druckplatte garantiert.

Andererseits entsprechen die bildlichen Möglichkeiten dieser Drucktechnik nicht nur fast vollständig jenen der traditionellen Lithografie, sie übertreffen sie sogar in gewisser Hinsicht bei weitem. Die wasserlose Drucktechnik bietet größere Freiheit und Flexibilität für Experimente und ist gut mit anderen grafischen Techniken zu kombinieren. Sie vereint in sich geradezu eine Fülle grafischer Möglichkeiten. Zusätzlich zu den autografischen Techniken kann sie mit Bildern nach Fotokopien, Computerausdrucken und vielen gemischten Techniken kombiniert werden. Damit erweitert sich das expressive Spektrum ins Endlose, in unerwartete und interessante Richtungen. Die Möglichkeiten des wasserlosen Druckes entsprechen zweifelsohne den hohen Anforderungen der Original-Druckgrafik. Die Aufbewahrung der Druckplatten für weitere Abzüge ist unproblematisch.

Jede/r DruckgrafikerIn wünscht sich stabile Platten und heißt eine Technik, die das ermöglicht, zweifellos willkommen. Darüber hinaus braucht man für die Siligrafie keinen Masterprinter. Die KünstlerInnen können den Druckvorgang ohne große Anstrengung selbst steuern – von der Vorbereitung ihres Projekt bis zum fertigen grafischen Blatt.

Die Siligrafie und ihre Rolle in der mittleren und höheren Kunsterziehung in Bulgarien

Die Druckgrafik wird in Bulgarien in verschiedenen Stufen unterrichtet – vom Stückchen Linoleum, das der Anfänger mit ungeschickter Hand ausschneidet, bis zur gemischten Technik, exquisit in ihrer Komplexität und Extravaganz, in der Meisterklasse für Grafik.

Die erste Stufe, wo die StudentInnen die Techniken der Druckgrafik (Hochdruck, Tiefdruck und Monotypie) erlernen, erforschen und damit experimentieren, ist den Kunst-Mittelschulen und einigen neuen Privatschulen mit einem Schwerpunkt auf Zeichenunterricht vorbehalten. In dieser Stufe machen sich die zukünftigen KünstlerInnen zum ersten Mal mit der besonderen Exaktheit der Druckgrafik, die Geduld und Sorgfalt lohnt, vertraut, und einige verschreiben sich dieser Kunstrichtung auf lange Zeit.

Die nächste Stufe steht auf dem Lehrplan der Kunstakademien, die diese komplexe Kunstform profund lehren. Die dritte Stufe ist die kreative Praxis der grafischen KünstlerInnen in den grafischen Ateliers und oft in enger Zusammenarbeit mit erfahrenen Druckern.

Diese drei Stufen zusammen formen das Antlitz der zeitgenössischen Druckgrafik in Bulgarien. Deshalb ist es so wichtig und braucht so viel Engagement, die jungen Talente schon in ihrer Frühzeit, bei ihren ersten Schritten auf dem Weg der Grafik zu unterstützen, ihr Interesse zu fördern und ihre Geschicklichkeit und Arbeitstechnik zu verbessern.

Seit Anfang meiner bisher 19-jährigen Arbeit als Lehrerin für Druckgrafik an der Nationalen Schule der Schönen Künste ‚Ilia Petrov', die auf 60 Jahre reicher Tradition zurückblickt, sah ich mich mit zwei Problemen konfrontiert: Einerseits machten die hohen Kosten der technischen Ausrüstung und der Materialien, die für viele StudentInnen unerschwinglich sind, die Ausbildung unmöglich. Das zweite Problem, das bei der Arbeit mit jungen Menschen nicht zu unterschätzen ist, ist die Toxizität eines Großteils der im Arbeitsprozess verwendeten Chemikalien. Seit Jahren bemühe ich mich, eine ungiftige Technik der Druckgrafik zu finden, die ein hinlängliches Spektrum bildlicher und expressiver Möglichkeiten bietet und ein effizienter Ersatz für eine Anzahl klassischer Techniken ist. Der immer größer werdende Mangel an Zinkplatten auf dem Markt und die Unmöglichkeit, die kostspielige Ausstattung auch nur für eine einzige Werkstatt anzuschaffen, motivierte mich nur umso mehr. Ich verfolgte alle Neuerungen der zeitgenössischen Druckgrafik, insbesondere jene in Kanada und den USA, wo großer Wert auf geringes Gesundheitsrisiko bei den verschiedenen Drucktechniken gelegt wird. Und als ich mich zum ersten Mal mit den Grundlagen der wasserlosen Lithografie/Siligrafie vertraut machte, war ich sehr beeindruckt, wie einfach die Methode ist und welch unglaublich reiches Spektrum an Effekten und welch expressives Potenzial sie dem Künstler bietet. Hier muss nochmals betont werden, dass die Toxizität, die mit den meisten druckgrafischen Techniken Hand in Hand geht, bei der Siligrafie auf ein absolutes Minimum reduziert ist. Die Vorteile der Siligrafie – die Zugänglichkeit der Materialien, die verhältnismäßig geringen Kosten und die relativ geringen Anforderungen an die Werkstätte – machen diese Technik zweifelsohne attraktiv für die Grafikklassen nicht nur der Kunstschulen, sondern auch der Kunsthochschulen.

Nachdem ich mich monatelang mit dieser Technik beschäftigt, die Materialien angeschafft und mit ihnen experimentiert hatte, nahm ich im Februar 2004 die Siligrafie in das Ausbildungsprogramm auf.

Unmittelbar nachdem die technischen Parameter festgelegt waren, was zirka zwei Wochen dauerte, wurden hunderte Arbeiten ohne jedes Problem geschaffen. Etliche der Experimente zu den Charakteristika der wasserlosen Methode habe ich in Anwesenheit der StudentInnen und oft in Zusammenarbeit mit ihnen durchgeführt. Ich darf behaupten, dass ich von ihnen zu jeder Zeit unseres gemeinsamen Arbeitens tiefes Verständnis, großes Engagement und volle Unterstützung erfahren habe. Etliche der Bilder in meinem Buch über Siligrafie sind genau solche experimentelle Arbeiten der ersten Stunde, als diese Drucktechnik in unseren Lehrplan aufgenommen wurde.

Die einzelnen Schritte zur Behandlung und zum Druck der Aluminiumplatten sind nicht besonders schwierig und können von den StudentInnen selbst unter den Augen des Lehrers durchgeführt werden. Gleichzeitig verlangt und fördert die Technik ein absolut exaktes Arbeiten der jungen KünstlerInnen, ohne das ihre Bemühungen zum Scheitern verurteilt wären. Die kleinste Abweichung von der Anordnung der Arbeitsschritte oder ein Mangel an Sauberkeit am Arbeitsplatz genügen, um die farbabweisende Schicht des Silikons zu zerstören und einen verschmierten Druck zu erzeugen.

Bei der Siligrafie können die StudentInnen direkt auf die Aluminiumplatte zeichnen, z.B. mit Sumi-Tusche, verschiedenen Filzstiften, wasserlöslichen Kreiden, Wasserfarben, was die Spontaneität ihres Ausdrucks fördert. Darin liegt der Unterschied zu den meisten anderen druckgrafischen Techniken, die mehr Erfahrung bedingen, weil das Bild in diesem Stadium auf der Druckplatte als Negativ erscheint. Bei der Siligrafie wird die Zeichnung gedruckt, wie sie auf der Platte erscheint. Darüber hinaus ist es einfach, Fehler zu korrigieren – man wäscht die unerwünschten Partien einfach mit Wasser ab. Auch später kann man auf der Platte in jedem Stadium noch korrigieren. Diese Möglichkeit fördert die Kreativität der StudentInnen abermals, weil das Unbehagen, jeder „Fehler“ könnte die gesamte Arbeit aufs Spiel setzen, wegfällt. In dieser Freiheit zum Experiment zeichnen die StudentInnen auf der Platte wie auf Papier.

Das Beherrschen entsprechender Computer-Software wie *Adobe Photoshop* und *Illustrator* ermöglicht den StudentInnen die Farbtrennung bei einer Reihe von starkfarbigen Projekten und die exakte Übertragung auf die Aluminiumplatten. Dazu benötigt das Siligrafie-Studio allerdings einen Computer, einen Scanner und einen hoch auflösenden Laserdrucker. Und nicht zuletzt ist Siligrafie keine kostspielige Drucktechnik. Bezüglich ihrer expressiven Möglichkeiten stimmt sie mit der traditionellen Lithografie absolut überein; die Siligrafie ist jedoch wesentlich günstiger angesichts der leicht erhältlichen Materialien.

Heute, sieben Jahre nach der Einführung der wasserlosen Lithografie in das Ausbildungsprogramm, kann ich getrost behaupten, dass die Siligrafie ihren festen Platz und ihre Bedeutung im Curriculum für Druckgrafik an der Nationalen Schule der Schönen Künste „Ilia Petrov" erobert hat. Die Qualität der Abschlussarbeiten von sechs aufeinanderfolgenden Jahrgängen bestätigt dies ohne Zweifel. Etliche Jahre hindurch haben sich StudentInnen aller Altersstufen an bedeutenden internationalen Druckgrafik-Veranstaltungen und Wettbewerben beteiligt und erste Plätze gewonnen.

Im Zuge der Erforschung und des Ausbaus der Technik der Siligrafie und ihrer Integration in das breite Spektrum der druckgrafischen Techniken, angewandt von bulgarischen KünstlerInnen, war es mir ein Anliegen, eine einheitliche Technologie für den wasserlosen Flachdruck zu entwickeln und der Öffentlichkeit vorzulegen.

Nach meiner Doktorarbeit über die Siligrafie im Jahre 2006 und der Veröffentlichung meines Buches zum selben Thema 2007 wurde ich eingeladen, an der staatlichen Kunstakademie Buchkunst und Druckgrafik zu unterrichten. Die StudentInnen liefern für literarische und belletristische Bücher Illustrationen und Typografie in Siligrafie und in Kombination mit klassischen Techniken. Seit damals leite ich auch ein Siligrafie-Atelier an der Universität „Hl. Kliment von Ohrid" in Sofia. Trotz meiner reichen Erfahrung bin ich nach wie vor verwundert und fasziniert, welch große kreative Freiheit die Siligrafie bietet. Gleichzeitig ist mir bewusst, dass ich noch einen langen Weg zu gehen habe, um andere, neue expressive Mittel und Techniken zu erarbeiten und die Technik den bulgarischen KünstlerInnen nahezubringen – eine zweifelsfrei lohnende Aufgabe, in der mich etliche meiner StudentInnen und AbsolventInnen bereits erfolgreich unterstützen.

Im Verlauf ihrer Anwendung hat die wasserlose Lithografie etliche Veränderungen erfahren: eine größere Anzahl von Materialien, andere Arbeitsweisen und deren Anwendung bereichern ihr expressives Potenzial insgesamt. Auch die Aquatinta-Technik, die nicht charakteristisch für den Flachdruck ist, wurde in den wasserlosen Flachdruck integriert. Alle Aspekte der *Manière noir* in der Siligrafie wurden weiter ausgearbeitet.

Meine Erfahrungen der letzten Jahre erlauben die Schlussfolgerung, dass die Siligrafie ein Flachdruckverfahren ist, das dem Experiment breiten Raum einräumt. Diese Schlussfolgerung deckt sich weitgehend mit jenen, die ihr Erfinder, Nik Semenoff, beschreibt. Die weiteren technischen Details sowie das Adaptieren des technologischen Prozesses an die Eigenheiten und Gegebenheiten des bulgarischen Marktes für

Künstlermaterialien habe ich entwickelt. Darunter sind sicher etliche brauchbare Alternativen zu den Methoden und technischen Details, die Nik Semenoff und Paul Croft beschreiben.

Die hier vorgestellte Technik muss jedem Künstler, der sich damit vertraut gemacht hat, attraktiv erscheinen, ordnet sie sich doch jedem kreativen Konzept unter. Sie ist nicht toxisch, bietet die Freiheit, das Bild in jedem Stadium zu bearbeiten und digitale Techniken einzubinden – eine Universalität, die nur schwer bei anderen Druckgrafik-Techniken zu finden ist.

Natürlich darf man nicht vergessen, dass jede Bild- und Drucktechnik immer nur ein Mittel und nie der Zweck ist. Schließlich soll jedwede Technik lediglich der Phantasie und Kreativität des Künstlers dienen. Die Technik erfährt ihre Anerkennung durch die Werke des Künstlers. Man kann nur wünschen, dass in Zukunft jene KünstlerInnen, die sich der Druckgrafik verschrieben haben, die Stellung Bulgariens in der Druckgrafik und in dieser exzellenten, um nicht zu sagen revolutionären Technik festigen. Dies bereichert die bulgarische Szene der zeitgenössischen Druckgrafik um eine neue, andersartige Richtung und ergänzt das Potenzial der klassischen Techniken. Ja, diese neue Technik mag sogar als Bindeglied zwischen allen Techniken der Druckgrafik dienen, weil sie erfolgreich mit jeder von ihnen kombinierbar ist.

Waterless Lithography – Siligraphy

A Non-toxic Surface-printing Alternative in the Bulgarian Art Education and in the Creative Practice of the Bulgarian Artists

Snejina Bisserova

Today, doubtfully anyone would deny the enormous – one might even say – fundamental role of the technique of new materials, bases and technologies in the development of the visual arts. The interpretation of form and space in contemporary art, the evolution of the sculptural ideas, even the separate stages of developing individual styles and techniques, are so closely related to the discovery of new materials that it would be difficult to imagine. This influence is true to the greatest degree for the development of printmaking as an independent art form with its own well-differentiated and established theory. The exceptionally strong involvement of printmaking with contemporary technologies ensues from its very nature, which has found expression in the process of printing, a process ensuring the implementation of this art's most important, intrinsic and irrevocable function – its communicativeness. The presence of the processed matrix – a bearer of the image and an intermediary between the idea and its image on paper – underlies the involvement. It is not accidental that as early as the origination of the artistic concept, printmakers thought about and designed their artistic work for a specific material and technique, foreseeing all remaining stages until the ultimate result is attained – the graphic sheet.

The ever-increasing role of technology provides the opportunity, to dilute, to a certain degree, the dividing line between the separate arts genres. For instance, colour, which is unquestionably a characteristic way of expression in painting, has already become an irreversible element of the language of contemporary printmaking. This circumstance makes an especially strong impression with regard to printmaking, since as far as printing for graphic design or commercial printing are concerned, the usage of colour has been fundamentally regulated within parameters established long ago. At the same time, for a number of years, large format printmaking has dominated the exhibition halls. It has been a long time since even the three-dimensional cast in a hand-made paper mould volumetric composition, which seems to have borrowed its knack and means from the area of sculpture, has ceased to arouse amazement. Over the last decade, additional technology possibilities and facilitations have increased through the rapid introduction of computer technologies in contemporary art, and especially in printmaking. A number of classical techniques and traditional methods lose ground and are replaced by new, faster and more efficient and accessible means and, at the same time, a far less toxic processes. Quite a few different effects may already be attained and reproduced by more than one method. Furthermore, not a single graphic artist or printer could develop the ultimate array of skills needed for the entire spectrum of technological processes possible today. Methods, apparently incompatible, are easily combined – relief with intaglio, lithography, photocopying, collagraphy, silkscreen and waterless printing – with the only aim to enrich as much as possible the texture and the colour and so, the multi-layered effect of the graphic impression.

Without doubt, the possibilities for visual communication have come a long way and are still developing. No one can foresee the future of graphic art and, in particular, that of printmaking. However, it does have its own area that has already been determined, and it will always engage and excite a portion of the cultural audience. The existence of numerous new ways to create remarkable graphic works provides artists who dedicated themselves to this artistic form with the opportunity to attain in their work extraordinary impact and aesthetic power, even though technology is merely a means to attain the ultimate goal – a sublime level of art.

The graphic technique presented here – waterless lithography (or siligraphy), created only in the last years of the twentieth century, is distinguishable for its incredible simplicity and accessibility. It provides extraordinarily rich pictorial and expressive possibilities, while simultaneously unfolds a broad scope for technical experimentation and invention. Last, but not least, siligraphy has a low toxicity level compared to most of the printmaking methods known so far.

Theoretical Principles of Waterless Lithography

More than 200 years ago, Alois Senefelder discovered chemical printing and since then lithography has been based on the mutual repulsion of oil and water. Although this print technique provided a wide range of possibilities of expressions and replaced most of the remaining techniques in the field of advertising print and letterpress as a whole, the utilization of water in the technical process created a number of unpleasant issues for printers. Consequently, they were constantly dreaming of a printing system that would eliminate water applications and all their disadvantages.

At the end of 1960s, Harry Hoehn of New York was experimenting with then-widespread RTV-silicone. Several years later, 3M tried to develop a waterless method for the printing industry; however, after investing a considerable sum to perfect the waterless photolithographic plate, 3M failed to produce compatible inks and sold the patents to the Japanese *Toray Industries* at the beginning of the 1970s. The Japanese, for their part, developed their own plates, inks and cooling systems for the presses, ensuring that a constant temperature and invariable viscosity of ink would be maintained during printing. Well known on the market today as analogous waterless photo-plates (positive and negative), *Toray*'s jigs are capable of reproducing very high-quality images, which surpass in terms of distinctness and contrast most conventional systems. Moreover, dry printing provides the possibility to attain greater density of colours and an improved colour register, while also shortening printing time. This gives an important advantage to the waterless method in printing industry when huge total prints are to be considered. Since this process is entirely photographic (i.e. reproductive), the image is initially drawn on paper or a different fundament and transferred via projector onto the plate. Creating handmade images directly onto the plate is not possible, thus rendering the technique inapplicable in original printmaking. For this reason, and because of their high price and inaccessibility, *Toray*'s plates are not especially popular among artists.

Thorough research was conducted to find a method that would allow printmakers to draw directly on, manually process and print plates for waterless lithogrphy without the need of a planographic press. In 1982 Nik Semenoff, Professor at the University of Saskatchewan at Saskatoon, Canada, took an interest in the waterless concept by manually preparing the surface of the plate under the conditions that existed in his studio; utilizing silicone sealants instead of the ink-repulsive film. Experimenting with various types of silicone sealants, he discovered that it was possible to process ordinary aluminum plates in such a way that a certain range of lithographic marks could be printed using the waterless method. Following the publication of his initial invention in *Leonardo* Journal in 1991, Semenoff continued to refine his techniques. Currently, he is one of the self-professed leading authorities on "waterless lithography" widespread in Canada and the USA, and popular in Europe under the name of siligraphy. In his studio in Saskatoon, Semenoff developed drawing techniques using toner-ink and toner-chalks, image transfers and reversals, which he combined with images printed from photo-plates authentically made per his formula. He used his drawing technique on the back of the off-set plates, which, at a later stage, may be repeatedly recycled and used again. His technique was ingenious and economical.

In 1992, master printer Veda Ozelle at the Tamarind Institute also contributed greatly to the waterless method. He discovered the potential of a non-toxic printing technology based on the utilization of water-soluble drawing materials, inclusive of powder-based poster paint, water-soluble chalks and pastels, crayons, sumi ink and gum arabic. Over the past years, waterless lithography has been revived on a number of occasions by numerous artists, including: Perry Tymson, Jeffrey Sipple, Frank Janzen, Ross Zirkle, Paul Croft and Jacob Semko. In its essence, siligraphy constitutes a printing technique that greatly differs from traditional lithography. Even though the results are similar to each other, the only connection between siligraphy and lithography is in the basic technological concept. Siligraphy, just like lithography, is a surface-printing technique with the pictorial (ink-absorbing) and the non-pictorial (ink-repelling) areas are located on the surface level of the printing form.

The fundamental principle of waterless printing is that silicone, used to create non-pictorial areas on the printing form, has an exceptionally low level of surface energy. Thereby, this inert material repels ink since it has a sufficiently high level of viscosity.

On the whole, considerably less chemistry is utilized in siligraphy, and the materials required are less, and, for the most part, easy to find. At the same time, they're not expensive, especially where compared to the materials and consumables utilized in the traditional lithographic technology. Furthermore, most are non-toxic or have low toxicity. No etching is required whatsoever, nor is the use of acidic solutions.

While the non-printable areas are covered with silicone, the printing form maintains its stability. The most delicate washes are better reproduced in siligraphy than in lithography, where scorching is possible.

Since the printing process does not use water, paper almost always retains its size, which ensures high-quality, multi-coloured prints due to excellent and hassle-free plate registration.

On the other hand, the opportunity to create images using this printmaking technique is not only is in line with traditional lithography, it surpasses in certain aspects, the traditional technique. The waterless method provides much greater freedom and flexibility to experiment, and works well in combination with other printmaking techniques. It integrates within itself an exceptionally rich register of drawing techniques. In addition to the autographic techniques, there is the opportunity to use images taken from photocopies, printer copies, as well as of a variety of combined techniques, which allows for an almost unrestricted expansion of the expressive spectrum in unexpected and interesting directions.

The technique meets the high-printing standard that is expected by professional publishers and printmakers alike. The preservation of the plates for additional printing does not require any special care.

The attainment of a stable jig is the objective of each professional printmaker, and a technique ensuring such a result is always welcomed. Furthermore, with siligraphy the presence of a master printer is no longer necessary. The artists themselves may, without particular efforts, control the entire process – from the preparation of the project to the production of the final graphic sheet.

Siligraphy and Its Place in Graphic Training in the Field of Secondary and Higher Art Education in Bulgaria

Currently, printmaking in Bulgaria extends over several different levels – from the piece of linoleum cut out by the unsteady hand of the beginner, to exquisite, complex and extravagantly mixed technique printed in a professional manner.

The first level involves researching printmaking techniques (mainly relief and intaglio, and monotypes), followed by assigning the graphic subject found in the agendas of the specialized secondary fine arts schools and several newly opened private schools that have an intensive study of drawing. At that stage, many aspiring artists experience for the first time the necessary precision that is inherent in the art of printmaking and learn how rewarding patience and accuracy can be, and, for some of them, it is the beginning of a long-term commitment to this art.

The next level of printmaking could be found in the curriculum of art academies, where the art is mastered.

The third level is the creative practice of printmakers and often takes place in printmaking studios under the supervision of experienced master-printers.

Together, these three levels constitute the foundation of contemporary Bulgarian printmaking. Therefore, it is essential that the education of young talents begin as soon as their interest arises since a lot of dedication is required to support them through their first steps, by raising their interest and honing their skills and technical understanding.

Since the beginning of my practice 19 years ago as a printmaking teacher at the National School of Fine Arts "Ilia Petrov," a school that enjoys a 60-year history and affluent tradition, I have faced two major problems: On the one hand is the high cost of the technical equipment and the materials required, which are inaccessible to most students and impedes the educational process. Another important problem, especially when working with students, is the toxic nature of the processes. I have tried for years to find a printmaking technique that is non-toxic and, at the same time, is capable of providing a spectrum of possibilities of pictorial expression sufficient enough to replace a large number of traditional printmaking techniques. The decreasing availability of zinc plates, as well as the prohibitive cost of setting up even a small print lithography workshop, provided me with an even greater motivation. I followed the development of all innovations in contemporary printmaking, especially those occurring in countries such as Canada and the USA, where emphasis is placed on reducing the health hazard. When I first learned about the principles of waterless lithography/siligraphy, I was impressed by its extraordinary simplicity, and by the incredibly rich spectrum of printerly effects and the expressive potential that it offers to the artist. It is important to note that the level of toxicity that is associated with most printmaking techniques is greatly reduced with siligraphy. The siligraphy process offers a number of advantages, which include availability of low-cost materials and affordability of the studio equipment. Subsequently, siligraphy is a very practical technique for printmakers, as well as for secondary art educators and art academies.

Upon concluding my research and experimentation with the technology, I introduced siligraphy as an element of the educational process in February 2004. Once the correct technological parameters of the processes were established, hundreds of works were realized without any problems. Many of the experiments relating to the various aspects of the waterless method were conducted with students present, and quite often with their assistance as well. The students offered exceptional understanding, dedication and support at every stage of our joint work. Many of the siligraphy illustrations contained in my book were created during in the initial moments of introducing the technique to the educational process.

Processing and printing on the aluminum plates is not particularly difficult and can be performed by students under direct supervision of the tutor. At the same time, the technique cultivates in the young artists the need for exceptional precision, without which their efforts would be doomed. Even the slightest failure to observe the sequence stages in processing the plate or the lack of work place cleanliness are sufficient to permanently damage the ink-repelling silicone layer, resulting in a smudged imprint.

Siligraphy provides students with the possibility to draw directly onto the aluminum plates with such expressive materials as sumi ink, various types of felt-tip pens, water-soluble crayons and water colours, all of which stimulate the spontaneity of their expression. And herein lays the difference between siligraphy and most other printmaking techniques, which require greater experience since the image at the engraving and processing stage is perceived as a negative of the original. In siligraphy, the drawing is printed as it looks on the plate. Moreover, correcting mistakes is exceptionally easy – one simply washes the unwanted sections with water. Corrections can be made on the plate later at every stage of its processing. That possibility further fosters student creativeness, since the uneasiness that any "mistake" may compromise the entire process is removed. Liberated to experiment, students draw on the plate as if on paper.

The mastering of computer software applications such as Adobe Photoshop or Illustrator by students allows them to do a color separation for even complex color print projects and transfer of the color layers on aluminum plates. In this aspect, it is advised that the siligraphic studio be equipped with a work station, a scanner and a high-quality laser printer.

Last, but not least, siligraphy is not an expensive printmaking technique. In terms of expressive capabilities, it and traditional lithography overlap entirely; however, siligraphy is far more economical due to the accessibility of the materials.

Seven years after I introduced the waterless method in the educational process, I can say with confidence that siligraphy has proven its significance and place in the educational process in graphic art at the National School of Fine Arts "Ilia Petrov." The quality of the graduate work of six consecutive students unmistakably testifies to this. For several successive years, students in all age groups have participated in prestigious international printmaking events and competitions and have won first place.

Along with researching and practicing the siligraphy technique and incorporating it into the broad spectrum of printmaking techniques applied by the Bulgarian printmakers, my other important objective was to create and present a single technology for the waterless surface printing method.

Following the successful defense of my thesis on siligraphy in 2006 and the publication of my book on the same topic in 2007, I was invited to teach printmaking techniques at the National Academy of Arts, Book and Print Graphics specialty. Using siligraphy, in combination with the other classical techniques, students did projects covering author's books, illustration and typography. Since then, I also have been conducting a siligraphy atelier at *Saint Clement Ohridski* University in Sofia. On the basis of my extensive experience, I am still amazed and fascinated by the extraordinary creative freedom offered by siligraphy. At the same time, I am aware that a lot of work awaits me in order to explore other new printmaking methods, as well as to popularize the technique among the Bulgarian artists – an effort which is definitely worth undertaking, and which I have already been successfully supported by a number of my current and graduated students.

In the process of work, the waterless method has undergone development in several directions: increasing the number of the materials used and expanding the methods and ranges of their application, the result of which is the technique's expressive potential. Even the aquatint technique – uncharacteristic of planographic printing – has been adapted to the waterless method. All aspects of the *manière noir* in siligraphy have also been developed further.

The conclusion I have come to over the last years is that siligraphy is a planographic printing technique that offers a huge potential for experimentation. This conclusion coincides with those published by the inventor of the waterless flat printing method, Nik Semenoff. Other technical options that I developed came as a result of adapting the technological process to the specificity and the availability of art materials in Bulgaria. In a number of cases, these provide efficient alternatives to various methods and technical aspects offered by Semenoff and Paul Croft.

The technique I have presented here will be attractive to any artist who has gained familiarity with the principal process, since it easily adapts to any creative concept. It is non-toxic, gives the freedom to manipulate the plate at every stage of the process as well as the integration of digital technologies adds a universality that is difficult to find in any other printmaking technique. Of course, one should always bear in mind that each imaging and printing technique is only a means, and not an end in itself. At the end of the day, the objective of a given method is to serve the imagination and the creative purposes of the artist. The technique gains recognition with the works of art produced by the artists. It is my hope that in the years to come, the artists who are drawn to the realm of exquisite printmaking will develop and strengthen the place of Bulgaria in the world of printmaking through this exceptional, I dare say – revolutionary printmaking technique. This is to enrich contemporary Bulgarian printmaking with yet another new and different direction, complementing the potential of the classical techniques. Furthermore, this new technique may turn out to be the link between all printmaking techniques, since it successfully and freely combines with all of them.

Innovation aus Tradition

Druckgraphik zwischen Kunst und Un-Kunst

Philipp Maurer

Die Botschaft in der Druckgraphik

Druckgraphik wurde in ihrer ganzen Geschichte seit dem 15. Jahrhundert niemals verstanden als die Anwendung bestimmter Techniken, sondern als Medium zur massenweisen Vervielfältigung und Verbreitung von Bildern mit dem Ziel, diese Bilder als Träger von Wissen, Urteilen oder Schönheit vielen Menschen kund zu machen. Druckgraphik diente der Propaganda der Machthaber und Wirtschaftsmagnaten ebenso wie der Agitation der Aufständischen. Druckgraphik schuf eine breite Öffentlichkeit im Gegensatz zur repräsentativen Malerei und sie war nur selten das Mittel des privaten, intimen Nachdenkens wie die Zeichnung.

Druckgraphik vereinigt in sich das „profane" Element Mitteilung und das „sakrale" Element Kunst. Walter Koschatzky beschrieb die historische ebenso wie die zeitgenössische Druckgraphik als die Kunst der Botschaft mit ästhetischen Mitteln.[1] In der Druckgraphik vereinigen sich die Mitteilung an die Vielen und die Kontemplation für die Kunstsinnigen in ästhetischer Qualität auf der Höhe der Zeit. Dank dieser Vielseitigkeit hat die Druckgraphik den hohen Stellenwert errungen, den sie als Bildmedium und als Kunstform vom frühen 15. bis zum frühen 20. Jahrhundert genossen hat.

Druckgraphik war die Kunst der politischen, religiösen, ästhetischen, emotionalen, privaten Bild-Botschaft. Erst der Wunsch, die Botschaft zu verbreiten, macht Vervielfältigung sinnvoll. Daher vermittelte Druckgraphik Inhalte, die außerhalb ihrer selbst lagen und die auf intellektuelle, philosophische, politische, ästhetische, emotionale Einflussnahme auf die Rezipienten abzielten. Druckgraphik wollte das Denken leiten, Anregungen geben, Einsichten vermitteln, Standpunkte klären, Haltungen propagieren, den Rezipienten Personen, Situationen, Ereignisse nahebringen. Druckgraphik bot den Betrachtern ein „Gegenüber, das eigenmächtig genug sein kann, um verbindliche Impulse zu geben,

[1] Walter Koschatzky: Die Kunst der Graphik. Technik, Geschichte, Meisterwerke. Residenz Verlag, Salzburg 1972; Ders.: Die Botschaft der Graphik. In: Die Botschaft der Graphik. 6 Jahrhunderte gedruckte Kunst. Katalog der oberösterreichischen Landesausstellung 1989, Linz 1989, S.9 ff.

[2] vgl. Wolfgang Ullrich: Gesucht: Kunst! Phantombild eines Jokers. Wagenbach, Berlin 2007, S.90

ja um den Rezipienten zu treffen und in seinem Denken und Fühlen zu verändern."[2] Zu diesem Zweck schuf Druckgraphik Bilder, die für ihre Welt aussagekräftig waren, die ihr Publikum lenkten und seine Empörung stärkten, es aber auch provozierten oder abstießen.

Mittels Druckgraphik wurde Welt erklärt, allerdings nicht als künstlerische Aktion, sondern in engster Zusammenarbeit mit Forschern und Wissenschaftlern. Denn Welterklärung ist Aufgabe der Wissenschaft, die nach anderen Regeln als die Kunst funktioniert und andere Kenntnisse verlangt. Ein Künstler, der uns, ohne Zugang zu aktuellen wissenschaftlichen Kenntnissen zu haben, die Welt erklärt, war immer schon und ist im Besonderen heute höchst lächerlich. Die Botschaft der qualitätvollen Druckgraphik ist eine künstlerische, indem sie einer Meinung sinnliches Gewicht verleiht, eine Parteinahme nahelegt, zu Handlungen aufruft, indem sie ein ästhetisch gelungenes Bild-Logo stiftet.

Sinnliche Gewissheit

Albrecht Dürer schuf mit seinen vier apokalyptischen Reitern[3], die nebeneinander gegen die verkommene Welt anstürmen, das bis heute gültige Bild der Apokalypse. Er fasste die im Text des Johannes auf viele Jahre verteilten Plagen in einen einzigen Augenblick zusammen und lässt sie doch als vier Plagen erkennen. Hier öffnet das Bild den Blick aufs Wesentliche und schafft eine emotionale Betroffenheit, die das literarische Wort nicht schaffen kann.

William Hogarth kommentierte mit „Beer Street" und „Gin Lane"[4] höchst parteilich das akute Alkoholproblem, entstanden durch die wirtschaftliche Entwicklung im England Mitte des 18. Jahrhunderts, indem er die Schnapstrinker bildkräftig zur Hölle schickte und die Biertrinker in paradiesischem Wohlleben zeigte. Derartige Gut-Böse-Bildpaare, wie sie schon Lukas Cranach im Kampf der christlichen Gegner höchst erfolgreich eingesetzt hatte, bringen die moralischen Saiten in uns deutlicher zum Klingen als eine wissenschaftlich exakte Abbildung einer zirrhotischen Leber oder die chemische Analyse des Hirnzellen mordenden Methylalkohols.

Honoré Daumier zeigte in seiner „Rue Transnonain"[5] nur die Ermordeten, von denen das Publikum bereits aus der Tageszeitung wusste. Die staatlich beauftragten Mörder sind nirgends zu sehen, allein die Darstellung der Toten in ihrer ärmlichen Wohnumgebung nährte die Empörung der Pariser und führte zum Eingreifen der Zensur.

Diese drei in ihrer Stoßrichtung absolut unterschiedlichen Beispiele anschaulicher Agitation, ins jeweils ästhetisch aktuelle Bild gesetzt,

[3] vgl.u.a. Dürer als Erzähler. Holzschnitte, Kupferstiche und Radierungen aus der Sammlung-Otto-Schäfer-II, Ausstellungskatalog, hrsg.v.d. Dr. Otto-Schäfer-Stiftung E.V., Ludwig & Höhne, Schweinfurt o.J. (um 1995) Vgl. Philipp Maurer: Warum Druckgraphik entstehen musste. Die Erfindung des Holzschnitts im 15. Jahrhundert. In: Um:Druck – Zeitschrift für Druckgraphik und visuelle Kultur, hrsg.v. Philipp Maurer, Wien, Nr.2/2006, S.17 f.

[4] vgl. Berthold Hinz: William Hogarth. Beer Street and Gin Lane. Lehrtafeln zur britischen Volkswohlfahrt. Reihe: kunststück, hrsg.v. Klaus Herding, Fischer Taschenbuch Verlag, Frankfurt am Main 1984

[5] vgl. Rolf Zbinden, Juerg Albrecht Fischer: Honoré Daumier. Rue Transnonain, le 15 avril 1834. Ereignis-Zeugnis-Exempel. Reihe: kunststück, hrsg.v. Klaus Herding, Fischer Taschenbuch Verlag, Frankfurt am Main 1989

sind Botschaften von höchster Sinnlichkeit, die damals wie heute ihr Publikum rational und emotional erregten.[6] Sie verschaffen den Betrachtern die „sinnliche Gewissheit“.[7]

reproduktionsstich.jpg

Die dem gesellschaftlichen und ökonomischen Bedarf zu verdankende Weiterentwicklung der Drucktechniken, die von 1400 bis um 1900 den politisch, wissenschaftlich, religiös oder kommerziell motivierten Wunsch nach Vervielfältigung erfüllten, ist wesentlicher Teil unserer europäischen Kunst- und Mediengeschichte, der jedoch in der Kunstgeschichtsschreibung im 20. Jahrhundert weitgehend ausgeblendet wurde. Übersehen wurde mit wenigen Ausnahmen[8] auch, dass die Reproduktionsgraphik den europaweit, später global orientierten Kunstgeschichtsschreibern überhaupt erst ihr Material zur Verfügung stellte, denn Originale waren und sind der täglichen wissenschaftlichen Beschäftigung weitgehend unzugänglich. Auch heute geschieht der größte Teil der wissenschaftlichen, aber auch der privat genießenden Beschäftigung mit Kunstwerken anhand von Reproduktionen in Büchern oder im Internet. Den Reproduktionsstich ersetzt heute weitgehend das jpg. Die ihr angemessene Würdigung erfuhr die Reproduktion erst im Zuge der aktuellen Neubewertung der Druckgraphik unter dem Gesichtspunkt der Vervielfältigung und Verbreitung von Bildern.[9]

Im 20. Jahrhundert nutzten u.a. die Wiener Aktionisten, die Landart-KünstlerInnen, Christo und Jeanne-Claude die fotografische oder lithografische Vervielfältigung, um ihrer Kunst die marktkonform notwendige Dauer und Materialität zu verleihen, ohne die eine Aktion, eine Intervention in der Wüste oder die Verpackung einer Brücke nur mehr Erinnerungen oder Legenden wären, die der Kunstmarkt nicht handeln kann.

Das Jahrhundert der Un-Kunst

Im 20. Jahrhundert spielte die Druckgraphik innerhalb der gesamten Kunstszene nur eine marginale Rolle. Erst in den 90er Jahren des 20. Jahrhunderts begann sie, sich ins Zentrum zu bewegen.

Mit dem Siegeszug photomechanischer und photochemischer Vervielfältigungstechniken in der zweiten Hälfte des 19. Jahrhunderts und des industriellen Farboffsetdrucks seit dem ersten Jahrzehnt des 20. Jahrhunderts verloren die Techniken der traditionellen, handwerklich organisierten Druckkunst ihre dominierende Rolle. Die „archaischen“ Techniken wurden marginalisiert und unter dem Terminus Druckgraphik zusammengefasst. Die nun auf das enge Gebiet der Kunst

[6] vgl. Max Raphael: Wiewill ein Kunstwerk gesehen sein? Hrsg.v. Klaus Binder, Bd.11 d. Werkausgabe, hrsg.v. Hans-Jürgen Heinrichs, suhrkamp wissenschaft 836, Frankfurt am Main, 1989

[7] vgl. G.W.F. Hegel: Phänomenologie des Geistes., A.I. Die sinnliche Gewißheit oder das Diese und das Meinen. Bd.3 der Werke in 20 Bdn., neu ediert von Eva Moldenhauer und Karl Markus Michel, suhrkamp wissenschaft 603, Frankfurt am Main, 1986, S.82 ff.; Robert Menasse: Sinnliche Gewissheit. Rowohlt, Reinbek bei Hamburg 1988

[8] vgl. Erwin Panofsky: Die Renaissancen der europäischen Kunst. Hrsg.v. Gregor Paulsson, suhrkamp wissenschaft 883, Frankfurt am Main 1990, u.a. S.178

[9] vgl. Wolfgang Ullrich: Raffinierte Kunst. Übung vor Reproduktionen, Wagenbach, Berlin 2009;Joseph Kiermeier-Debre, Frtiz Franz Vogel: Kunst kommt von PRESTEL. Johann Gottlieb und Marie Katharina Prestel. Frankfurt – London. Böhlau, Wien – Köln – Weimar 2008

reduzierte Druckgraphik folgte, mit ganz wenigen Ausnahmen wie den Dadaisten und den „Brücke"-Künstlern, den großen Entwicklungslinien der bildenden Kunst nach. Zwar haben fast alle bedeutenden KünstlerInnen des 20. Jahrhunderts radiert, lithografiert oder in Holz geschnitten, die Weiterentwicklung ihrer Kunst jedoch passierte in der Malerei. Daher schwand die allgemeine Wertschätzung der Druckgraphik, sie lag im Werte-Ranking weit hinter der „originalen" Malerei und Zeichnung.

Die charakteristischen Eigenschaften der Druckgraphik unterscheiden sich von denen der Kunst des 20. Jahrhunderts grundsätzlich. Druckgraphik ist schon durch die Notwendigkeit der Materialkenntnis und des präzisen Beherrschens des Handwerks, ohne die einfach nur schlechte Blätter entstehen, inkompatibel mit dem stolzen Bekenntnis zum „Bricoleur". Dieser gefällt sich darin, auf das bearbeitete Material nicht näher Rücksicht zu nehmen und den handwerklichen Wertekanon in der „genial" unpräzisen Ausführung zu missachten.

Die Avantgarde des 20. Jahrhunderts bestimmte sich, abgesehen von wenigen Ausnahmen, vor allem negierend zu allen gesellschaftlichen Verpflichtungen und Zielsetzungen, war heftig bemüht, die soziale Realität aus der Kunst draußen zu halten.[10] Darum dient Picassos Guernica-Gemälde mit seiner eindeutigen Positionierung stets als „das" Beispiel politischer Kunst, denn seine sonstigen Bilder legen, wie die seiner meisten Zeitgenossen, politische Interpretationen nur ausnahmsweise nahe. Kunst eliminierte alles Politische, ja sogar alles explizit Gesellschaftliche aus ihren Werken, fürchtete sich sogar vor dem „Realitätsterrorismus"[11]

Kunst in der 2. Hälfte des 20. Jahrhunderts konzentrierte sich selbstreferentiell auf die eigenen technischen und formalen Probleme, bot esoterisch-mystischen Religionsersatz und gab sich hemmungslos dem Künstler-Ich-Ausdruck und Authentizitäts-Kult ohne Rücksicht auf das Publikum hin, sie widmete sich der psychoanalytischen Innenschau oder dem spekulativen makrokosmischen Blick ins Unendliche. Es entstand das „reine" Bild, das zweckfrei nur an die von den KünstlerInnen und ihrem Markt selbst aufgestellten „innerkünstlerischen" Regeln gebunden war. Kunst sah ihre Freiheit darin, sich der Vernutzung durch andere Interessen zu entziehen, sie verlor sich im luftleeren Raum der Zweckfreiheit und Ungebundenheit. Damit verbannte sie sich selbst aus dem politischen Diskurs. Daher braucht es unzählige Versuche, Kunst den Menschen zu „vermitteln", ihnen zu beweisen, dass Kunst eben wegen ihrer selbst verordneten Belanglosigkeit so wichtig sei. Mit der Bemerkung, dass ein Kunstwerk „an etwas

[10] vgl. Wolfgang Ullrich: Gesucht: Kunst! S.71 ff. (Anm.2)

[11] Wider den Realitätsterrorismus, Daniel Richter und Jonathan Meese machen Bilder für die Bühne. Der Standard, Österreichs unabhängige Tageszeitung, hrsg Oscar Bronner, Wien, 26. Juli 2010

denken lässt" oder „im Zusammenhang mit etwas gesehen werden könne", wird die Neugier des Publikums abgespeist, weil keine andere geistige Nahrung, keine Botschaft im Kunstwerk enthalten ist. Die pure Behauptung seiner ungewöhnlichen Wichtigkeit ist das gebetsmühlenartig wiederholte Lob.

Die Druckgraphik diente den führenden KünstlerInnen des 20. Jahrhunderts zum Weiterdenken ihrer innerkünstlerischen Probleme in anderen Materialien; die Botschaft war daher meist nur die wirkungsvolle, marktgerechte und kostengünstige Verbreitung ihrer Bildsprache und ihres Ruhmes.[12] Dadurch war die Druckgraphik nur noch die „billige" Kunst für jedermann, für kulturbeflissene Gewerkschaftszirkel und für jugendliche „Einsteiger". Auch das war nicht neu: Schon Peter Paul Rubens hatte mit seiner Werkstatt vorgezeigt, wie man dieses Medium höchst erfolgreich nützen kann.[13]

Nur die zweckorientierte Vermittlung relevanter Botschaften rechtfertigt es, den ökonomisch und handwerklich aufwendigen Herstellungs- und Distributionsapparat in Bewegung zu setzen. Diese praktische Verpflichtung auf die Botschaft ist unverträglich mit der selbstreferentiellen Konzentration auf eigene Probleme, dem Verlieren in private „spirituelle und metaphysische Höhenflüge"[14]. Den Wunsch des Publikums nach einer Kunst, die „ein entspanntes Treibenlassen der Gedanken erlaubt"[15] erfüllt sie nicht.

Viele zeitgenössische KünstlerInnen verzichten im Gegensatz zu den Künstlern vergangener Jahrhunderte ganz bewusst darauf, die technischen und ästhetischen Errungenschaften und Erfahrungen ihrer Vorgänger zu kennen, daraus zu lernen und weitere Entwicklungen daraus abzuleiten, ihre Vorgänger also zu übertrumpfen. Sie kündigen vielmehr die Bindung an die Tradition auf und negieren früher gültige Normen. Sie ersetzen Tradition aber nicht durch Innovation, die ja von der Tradition zumindest Kenntnis haben müsste, sondern durch Originalität und Spontaneität, die sich bei genauerem Hinsehen häufig als platte Neuerfindung des Rades, das in diesen Neuschöpfungen nicht einmal rund läuft, erweist. Dafür gilt es als authentisch und wird unter dieser Marke verkauft. Dagegen sind DruckgraphikerInnen durch die technischen Notwendigkeiten in stetem Kontakt mit Tradition und den Erfahrungen der Vorderen. So sind sie imstande, Grenzen, die sie genau kennen, zu erforschen und sie an bisher unpassierbaren Übergängen, wo neue Entdeckungen zu erwarten sind, zu überschreiten. Michael Schneiders „übertragung" etwa ist ein Exempel solch präziser Arbeit ohne faule Kompromisse, die das Maximum aus allen technischen Vorgängen herausholt und der Öffentlichkeit schöne und realitätsbezogene Bilder bietet.[16]

[12] vgl.: Ernst Rebel: Druckgraphik. Geschichte, Fachbegriffe. Philipp Reclam jun., Stuttgart 2003; vgl.: Jürgen Weichardt: Vom Abdruck zum Ausdruck / From Impression to Expression. In: Michael Schneider, Philipp Maurer, Georg Lebzelter (Hrsg./eds.), im:print 2010. Zustandsprotokolle aktueller Druckgraphik /journal of the current state of printmaking, Buchreihe der Univesität für angewantde Kunst Wien/Book Series of the University of Applied Arts Vienna, hrsg.v./ed.by Gerald Bast, Rector, Springer Wien New York 2010, S.47 ff./p.65 ff.; vgl. Walter Koschatzky: Kunst der Graphik (Anm.1)

[13] Näheres bei Wolfgang Ullrich: Raffinierte Kunst (Anm.9), und Ernst Rebel: Druckgraphik, S.55 ff. (Anm.12)

[14] vgl. Wolfgang Ullrich: Gesucht: Kunst!, S.89 (Anm.2)

[15] a.a.O.

[16] vgl. Michael Schneider, übertragung / transfer. Broschüre der Wiener Linien, Wien 2010 vgl. Philipp Maurer: übertragung – Druckgraphik vom Papier zur Wand. In: Um:Druck Nr.14/2010, S.17 (Anm.3) vgl. Michael Schneider: Der erweiterte Kunstbegriff. In: Um:Druck Nr.14/2010, S.18

Un-Kunst im 20. Jahrhundert

Selbstverständlich gab es auch im 20. Jahrhundert DruckgraphikerInnen, die Botschaften verbreiteten: die 68er[17], und einzelne KünstlerInnen wie Otto Rudolf Schatz, Alfred Hrdlicka, Florentina Pakosta, ... Nach wie vor wichtige vervielfachte Bilder sind heutigen tags Plakat und Comic, noch wirkungsvoller aber sind Film, Fernsehen und Internet.

Bild-Botschaften zu vermitteln ist eben keine bloß historische Funktion, sie gewinnt im 20. Jahrhundert eine höhere Bedeutung denn je: Zahlreiche DruckgraphikerInnen haben im realen existierenden Sozialismus ihren Protest in Bilder gefasst, die als Kassiber Nachrichten in Rotwelsch an Freunde schmuggelten. Bildzeichen erhielten neue Bedeutungen, wurden Logos für alternative Meinungen. Ähnliches funktionierte in der Plakatkunst der 68er-Bewegung im Westen.

In den 90er Jahren des vorigen Jahrhunderts schuf Stephan Hilge mit seinem Radierzyklus „Bergkristall“ Ikonen zum KZ Mauthausen, indem er Texte des KZ-Häftlings Levy radierte und mit einfachen Zeichen versah.[18] Derartige Arbeiten haben und behalten ihre Bedeutung in der Verbindung von ästhetischer und handwerklicher Qualität und dem Gewicht ihres Inhalts, auch und weil sie im Gegensatz zu allen Kriterien des offiziellen Akademismus stehen.

Auch das künstlerische Plakat in einer aktuellen Bildsprache lebt als Intervention im öffentlichen Raum weiter. Deutschbauer/Spring[19] und Josef Danner[20] sind anerkannte Beispiele.

Druckgraphik im 21. Jahrhundert

Gute Druckgraphik zu Beginn des 21. Jahrhunderts besteht ungeniert auf Botschaft und rekurriert auf traditionelle Formen und mediale Eigenschaften alter Druckgraphik, um sich selbst weiterzutreiben ins ästhetische Zentrum einer neuen gesellschaftlichen Situation, in der Realismus, Botschaft, Meinung und Diskussion über Verhältnisse wieder aktuell sind, in der „Betroffenheit“ und Empörung zu Handlungen und Stellungnahmen führen. Überhaupt geht die Kunst zu Beginn des 21. Jahrhunderts diesen Weg. Dass dabei immer öfter druckgraphische Verfahren verwendet und Multiples hergestellt werden, liegt in der Natur des gesellschaftskritischen Engagements, fürs eigene Anliegen Verständnis und Bündnispartner zu werben. Themen der neuen engagierten Kunst sind die großen politischen Vorgänge ebenso wie die innerfamiliären Konflikte und die ganz gewöhnlichen Erfahrungen des Alltags.

[17] Für die 68er waren Bilder nur die heitere Zugabe zum ernsten Wort – in Erinnerung geblieben sind allerdings die politischen Plakate von Klaus Staeck!

[18] siehe Wolfgang J. Bandion: Himbeerpflücker. In: Wiener Kunsthefte, hrsg.v.d. Kleinen Galerie, Gesellschaft für Kunst und Volksbildung, Wien, Nr.1/2000, S.1 u. 15. Wolfgang J. Bandion, Stephan Hilge, Cathrine Stukhard: Erinnern Remembering Souvenir Ricordare Помнить. Hrsg.v.d. Österreichischen Lagergemeinschaft Mauthausen, 1998

[19] siehe Philipp Maurer: Deutschbauer/Spring: Plakate – mehrdeutig. In: Um:Druck Nr. 7/2008, S.14 f. (Anm.3); vgl. Julius Deutschbauer / Gerhard Spring. Nur 100 Plakate / Only 100 Posters, hrsg.v. Peter Noever, MAK Studies 10, Verlag für moderne Kunst, Nürnberg 2008

[20] vgl. Georg Lebzelter: „Woher kommen wir, wohin gehen wir? Wer bezahlt unsere Fixkosten?“ In Um:Druck Nr.16/2010, S.19 f. (Anm.3)

Druckgraphik nützt auch die sinnvolle und inhaltsbezogene Verbindung von Bild und Schrift, die allerdings nicht als formales Spielmaterial wie im Kubismus, sondern als lesbarer und für das Verständnis des Blattes notwendigerweise zu lesender Text eingesetzt wird. So vermitteln die Texte unter den Bildern in Monika Piorkowskas Diplomarbeit[21] an der Universität für angewandte Kunst exakte Zeit- und Ortsangaben, erläutern den abgebildeten Sachverhalt und stellen die Privatheit in den politischen Kontext. Insofern gewinnen ihre Arbeiten, indem die Texte das Bild erläutern, den „Zeitungs"-Charakter der frühen Kupferstiche und Holzschnitte. Der erläuternde Text war und ist wesentlicher Bestandteil der druckgraphischen Botschaft, sei es beim Holzschnitt um 1550, der ein missgebildetes Kind zeigte[22], oder beim Kupferstich mit der Aufstellung der österreichischen und türkischen Truppen zur Schlacht bei Belgrad im Jahr 1717[23]. Beiden Blättern wird gleichermaßen zugesprochen, Information und Kunst zu sein.

Margret Kohler-Heilingsetzers Fotolithografien „Kälteeinbruch"[24] sind ein künstlerischer Kommentar zur rechtskonservativen Regierung in Österreich von 2000 bis 2007: Sie montiert Fotos von den im Winter mit dicken Jutesäcken eingebundenen Rosenstöcken im Wiener Volksgarten vor den berühmten Balkon der Wiener Hofburg, auf dem Adolf Hitler am 13. März 1938 seine bejubelte Rede zum Anschluss gehalten hatte. Kohler-Heilingsetzer erinnert damit an die zu Ikonen gewordenen Fotos aus 1938 und macht die Nähe einer Regierungspartei zum Nationalsozialismus augenfällig. Dieselbe sinnliche Gewissheit verschafft sie uns mit ihren Arbeiten über die Migration aus Afrika nach Europa – Fischerboote, überfüllt mit Flüchtlingen, kreuzen vor Luxuslinern.

Karoline Riha[25] zeigt Lebenswelten junger Menschen, die, von der Gesellschaft ignoriert, in eigene Räume eingesponnen und in hilflose Gesten verfangen sind. Sie druckt ihren aktuellen Zyklus auf Leim – ein aufwendiges Verfahren, das dem spröden Titel „Liminality" angepasst ist: Grenzerfahrung und Schwellen, Trennendes und doch Verbindendes, Klebendes, Leim eben. Zwar hat das deutsche Wort *Leim* etymologisch mit dem englischen *liminality*, das von lateinisch *limen* (Begrenzung, Grenzbalken, Schwelle) kommt, nichts zu tun, aber die Künstlerin macht sich den Gleichklang der Wörter zunutze und schafft sinnliche Bilder. Sie überschreitet alle Grenzen traditioneller Druckgraphik: von der Flachware zum Raum, von der Serie zum Film, und sie ignoriert die Forderung nach Haltbarkeit des Materials. Aber: Die Botschaft überzeugt, die soziale „Erdung" bleibt!

In hoher Verbreitung bot die Wiener Tageszeitung „Die Presse"[26] in ihrer Ausgabe zum „Heiligen Abend" am 24. Dezember 2010 auf den Titelseiten ihrer Teile Holzschnitte von Lukas Pusch zur Diskussion

[21] vgl. Philipp Maurer: Zeit im Bild – Monika Piorkowskas Time Boxes. In: Um:Druck Nr.15/2010, S.12 (Anm.3)

[22] vgl.Marianne Jobst-Rieder: Die Astrologentafel des Eustachius Froschauer. Ein kunst- und wissenschaftsgeschichtliches Zeitdokument. In: Um:Druck 1/2006, S.17 ff., S.18 (Anm.3)

[23] Jan Smit: Schlacht um Belgrad ..., Amsterdam um 1721, Farbkupferstich; Stadtmuseum Belgrad, Inv.Nr. MGB I 1 467, Abb. in: Um:Druck Nr.15/2006, S.17 (Anm.3)

[24] Margret Kohler-Heilingsetzer: Kälteeinbruch. Volks'-gartenprojekt/Wien, Bibliothek der Provinz, Weitra 2006
vgl. Leonore Maurer: Kohler-Heilingsetzer: Sitzen im Boot. In: Um:Druck Nr.12/2009, S.23 (Anm.3)
vgl. Philipp Maurer: Auf der Fahrt ins bessere Leben. In: Um:Druck Nr.14/2010, S.22 ff.

[25] Karoline Riha, In: Um:Druck Nr.2/2006, S.24 f. (Anm.3)
vgl. Philipp Maurer: Liminalities – Karoline Rihas Grenzgänge. In: Um:Druck Nr.15/2010, S.13

[26] Die Presse, Wien 24.12.2010, S.1, 13, 25 und Spectrum, S.1

zwischen Christentum und Islam: Der Schriftzug „Frohe Weihnacht“ steht vor der Hagia Sofia in Istanbul, der Satz „Gott ist groß“ in arabischer Schrift über dem Wiener Stephansdom. Einfache, eingängige, klassische Holzschnitte – es braucht keine technische Raffinesse, um Bilder herzustellen, die den aktuellen Diskurs thematisieren.

Gute Druckgraphik bietet heute wie früher Anregung zu reden, zu diskutieren, zu streiten: über die ihr eigene Technik, ihre formalen Qualitäten und über ihre Botschaft, die sich in Bezug setzt zum eigenen Denken und Handeln der Betrachter. Denn gute Druckgraphik liefert den Mittelpunkt der Diskussion außerhalb ihrer selbst, sie verweist auf anderes, auf Gesellschaftliches, Rationales, im Streit Stehendes.

Am Weg ins Zentrum der engagierten Kunst

Seit circa 20 Jahren ist die zentral relevante Frage in der bildenden Kunst und der visuellen Kultur nicht die nach neuen Bildfindungen, sondern die nach den Technologien und Wegen der Bildverbreitung, also nach der Sozialisierung, Regionalisierung und Globalisierung der Bilder. Das religiös-kultische und das meditative Heilsversprechen des Bildes werden überholt durch das wissenschaftlich-informative und gesellschaftlich-argumentative Bild. Kult und selbstreferentielle Kontemplation sind passé – das machen Mode, Musical, Show, Film viel besser. Der Kunst ohne Botschaft bleibt nur Behübschung: im besten Fall als Erweiterung von Design und Architektur, im schlimmsten Fall als Störung der NutzerInnen von Design und Architektur.

Teile der Avantgarde des 21. Jahrhunderts holen gesellschaftliche Bezüge wieder in die Kunst, indem sie sie über ihre formalen Grenzen hinaus erweitern: sie kochen für SammlerInnen, betreuen Bedürftige sozialarbeiterisch, planen Häuser, singen Lieder, schreiben Essays – die Reihe ist beliebig fortzusetzen. Derlei Tätigkeit verdankt sich der dilettantischen Unkenntnis jeweils fachspezifischer Regeln und führt zur Mittelmäßigkeit bei allen Verrichtungen.

Andere, wie die Druckgraphikerinnen, besonders jene, die mit digitalen Bildern arbeiten, holen Gesellschaftliches in die Kunst und formulieren inhaltliche Anliegen mit den konventionellen künstlerischen Gestaltungselementen. Sie erinnern sich der eigenen kulturellen Traditionen, thematisieren Gesellschaftliches und Politisches alternativ zur massenmedial verbreiteten Meinung, und beziehen sich dabei kritisch auf die in der Gesellschaft vorhandenen, in ihr gehandelten Bilder der politischen Kultur und der Warenwelt. Sie schaffen also nicht neue Bilder ohne Bedeutung, sondern stellen vorhandene Bilder in neue Sinnzusammenhänge. Solche Collagen waren freilich auch den DadaistInnen nicht unbekannt.

Die große Chance der heutigen Druckgraphik ist, in das intellektuelle und argumentative Vakuum vorzustoßen, das durch die Absenz einer alternativen politischen Journalistik und einer wirksamen politischen und kulturellen Opposition entstanden ist. DruckgraphikerInnen nützen diese Chance bewusst oder unbewusst, ausgestattet mit einem Politik-Verständnis, das sich von dem um 1968 formulierten und bei älteren Intellektuellen bis heute in Kraft befindlichen deutlich unterscheidet. Druckgraphik ist eine neuartige politische Diskussionskultur, in der Bilder zur herrschenden Politik und Kultur gleichwertig neben dem Wort stehen. Die „schwielige Arbeiterfaust" als Bildsymbol für Aufstand gegen Armut und Unterdrückung ist out, in sind Bilder von Che Guevara, gedruckt auf T-Shirts. In ist nicht Farbmythologie sondern offener Diskurs, in ist emotionales Denken, Empathie, Solidarität mit den Ausgegrenzten und Eingeschränkten[27] bei den besten unter den DruckgraphikerInnen, verbreitet mit technischer, kompositorischer, ästhetischer Meisterschaft. Kunst also, wie wir sie seit dem 16. Jahrhundert kennen.

Schluss

Der Verzicht auf die Botschaft ließ die Druckgraphik im 20. Jahrhundert in die Bedeutungslosigkeit absinken. Mit technischer Innovation ohne inhaltliche Aussage verbliebe die Druckgraphik in der Bedeutungslosigkeit. Innovation mit Botschaft aber bringt ihr die führende Rolle bei der Restauration einer Kunst, die sich wieder der Gesellschaft und ihren Themen und Problemen öffnet, die meinungsbildend zu agieren sucht und traditionelle Funktionen der Kunst in neuer kulturpolitischer Umgebung neu erfüllt.

[27] vgl. Jean Clair: Avantgarde zwischen Terror und Vernunft. Die Verantwortung des Künstlers. DuMont, Köln 1998

A Tradition: Innovation

Printmaking between Art and Non-art

Philipp Maurer

The message in printmaking

In its entire history, dating back to the fifteenth century, printmaking was never understood as the mere application of certain technologies, but always as a medium for mass-multiplication, publication, and distribution of images with the aim to make knowledge, verdicts, as well as beauty available to many. Printmaking equally served rulers and tycoons for propaganda, as well as renegades for agitation. Printmaking provided a broad public, contrary to representative painting, and is only rarely used to express private, personal reflections, like a in a drawing.

Printmaking incorporates the "mundane" element information and the "sacral" element art. Walter Koschatzky outlined the historical as well as the contemporary print as the art of message by aesthetic means.[1] Printmaking combines the message to the many with the contemplation for the connoisseur in an aesthetic state-of-the-art quality. Owing to this versatility, the print has been held in high esteem as a medium of image and as art from the early fifteenth until the early twentieth century.

Printmaking was the art of the visual message – political, religious, aesthetic, emotional, private. Multiplication only made sense with the intention to broadcast a message. Thus, printmaking transmitted matters rooted outside itself, aiming to influence the recipients intellectually, philosophically, politically, aesthetically, emotionally. Printmaking intended to conduct ways of thinking, stimulate, convey discernment, define positions, propagate attitudes, bring individuals, situations, events home to the recipients. Printmaking offered the beholder "a vis-à-vis which can be sufficiently independent to provide engaging stimuli, even to strike a cord with the recipient and change his way of thinking or feeling"[2]. For this purpose, printmaking created pictures which were meaningful, guiding their public, encouraging their indignation, but also provoked or disgusted them.

By means of printmaking, the world was explained, however, not as an act of art but in close co-operation with explorers and scientists.

[1] Walter Koschatzky: Die Kunst der Graphik. Technik, Geschichte, Meisterwerke. Residenz Verlag, Salzburg 1972; id.: Die Botschaft der Graphik. In: Die Botschaft der Graphik. 6 Jahrhunderte gedruckte Kunst. Katalog der oberösterreichischen Landesausstellung 1989, Linz 1989, p.9ff.

[2] cf. Wolfgang Ullrich: Gesucht: Kunst! Phantombild eines Jokers. Wagenbach, Berlin 2007, p.90

It should be for the scientists to explain the world, following different rules than art does, requiring different skills. An artist explaining the world without having access to the actual state of science always was and certainly is absolutely laughable. The message of a first-rate print is an artistic one, bestowing sensual quality upon a message, suggesting partisanship, calling for action through the donation of an esthetically felicitous illustrative logo.

Sense certainty

With his four riders of the Apocalypse[3] attacking a rotten world, Albrecht Dürer created an image of the Apocalypse which is effectual until this day. He gathered the plagues, dispersed over many years in St. John's gospel, in one single moment, and still depicts them as the four individual plagues. Thus, the image permits to behold the quintessence and creates an emotional impact superior to the written word.

With his "Beer Street" and "Gin Lane",[4] William Hogarth, clearly taking sides, commented upon the current problem drinking, following from economic developments in mid eighteenth century England. While sending the drinkers of brandy to hell, in vigorous pictures, he depicted the beer drinkers in paradisiac well-being. Such good-and-bad pairs of pictures, as already effectively used by Lukas Cranach in the battle of the Christian opponents, strike the ethical cords inside us, with greater effect than a precise scientific illustration of some cirrhosis of the liver or the chemical analysis of the brain-killing methanol.

In his "Rue Transnonain",[5] Honoré Daumier only presents the murdered about whom the general public already knew from the daily paper. The commissioned assassins are nowhere to be seen. The mere image of the corpses in their miserable surroundings added to the insurrection of the Parisians and resulted in the interference of the censors.

These three examples of vivid agitation, their directions being absolutely differential, in images of great actuality, are messages of the highest sensuousness, which agitated their public rationally and emotionally, and still do.[6] They convey the "sense certainty" to the beholders.[7]

reproductive_engraving.jpg

The further development of printing technologies, owing to social and economical demands, and fulfilling the request for politically, scientifically, religiously or commercially motivated multiplications from 1400 up to about 1900, is an essential part of our European history of art and media, however, was suppressed to a large extent in the

[3] cf. *Dürer als Erzähler. Holzschnitte, Kupferstiche und Radierungen aus der Sammlung-Otto-Schäfer-II*, exhibition catalog, ed. Dr. Otto-Schäfer-Stiftung E.V., Ludwig & Höhne, Schweinfurt o.J. (approx. 1995) cf. Philipp Maurer: *Warum Druckgraphik entstehen musste. Die Erfindung des Holzschnitts im 15. Jahrhundert*. In: Um:Druck – Zeitschrift für Druckgraphik und visuelle Kultur, ed. Philipp Maurer, Wien, 2/2006, p.17 f.

[4] cf. Berthold Hinz: *William Hogarth. Beer Street and Gin Lane. Lehrtafeln zur britischen Volkswohlfahrt*. From: kunststück, ed. Klaus Herding, Fischer Taschenbuch Verlag, Frankfurt am Main 1984

[5] cf. Rolf Zbinden, Juerg Albrecht Fischer: *Honoré Daumier. Rue Transnonain, le 15 avril 1834. Ereignis-Zeugnis-Exempel.* From: kunststück, ed. Klaus Herding, Fischer Taschenbuch Verlag, Frankfurt am Main 1989

[6] cf. Max Raphael: *Wie will ein Kunstwerk gesehen sein?* ed. Klaus Binder, vol.11, ed. Hans-Jürgen Heinrichs, suhrkamp wissenschaft 836, Frankfurt a. M., 1989

[7] cf. G.W.F. Hegel: *Phänomenologie des Geistes., A.I. Die sinnliche Gewißheit oder das Diese und das Meinen.* vol.3, new edition by Eva Moldenhauer and

Karl Markus Michel, suhrkamp wissenschaft 603, Frankfurt am Main, 1986, p.82 ff.; cf. Robert Menasse: *Sinnliche Gewissheit.* Rowohlt, Reinbek bei Hamburg 1988

[8] cf. Erwin Panofsky: *Die Renaissancen der europäischen Kunst.* ed. Gregor Paulsson, suhrkamp wissenschaft 883, Frankfurt am Main 1990, p.178

[9] cf. Wolfgang Ullrich: *Raffinierte Kunst. Übung vor Reproduktionen*, Wagenbach, Berlin 2009; cf. Joseph Kiermeier-Debre, Fritz Franz Vogel: *Kunst kommt von PRESTEL. Johann Gottlieb und Marie Katharina Prestel.* Frankfurt – London. Böhlau, Wien – Köln – Weimar 2008

[10] cf. Wolfgang Ullrich: *Gesucht: Kunst!* p.71ff. (fn.2)

[11] *Wider den Realitätsterrorismus, Daniel Richter und Jonathan Meese machen Bilder für die Bühne.* Der Standard, Österreichs unabhängige Tageszeitung, ed. Oscar Bronner, Wien, 26. Juli 2010

[12] cf. Ernst Rebel: *Druckgraphik. Geschichte, Fachbegriffe.* Philipp Reclam jun., Stuttgart 2003; Jürgen Weichardt: *Vom Abdruck zum Ausdruck / From Impression to Expression.* In: Michael Schneider, Philipp Maurer, Georg Lebzelter (eds.), im:print 2010. Zustandsprotokolle aktueller Druckgraphik

historiography of art. It was also ignored – with few exceptions[8] – that reproductive graphic only provided the historians, dealing with European and later on with global matters, with the required material, as originals were usually inaccessible for every-day scientific activities. Still today, the larger part of dealing with works of art, scientifically or for private regalement, implies the use of reproductions, in books or the internet. Today, the reproductive engraving is largely replaced by the jpg. The reproduction is properly appreciated only along with the recent reappraisal of printmaking, from the viewpoint of multiplication and distribution of images.[9]

In the twentieth century, the Viennese Actionism, land art artists, Christo and Jeanne-Claude, among others made use of photographic or lithographic multiplication to grant their art the duration and materiality necessary to stay in line with the art market, and without which an action, an intervention in the desert or the wrapping of a bridge would merely constitute memories or legends which are no merchandise for the art market.

The century of non-art

In the twentieth century, printmaking only played a marginal role in the domain of art. Only in the 1990ies, it started to move into the center.

With the triumphal course of photo-mechanic or photo-chemical multiplication techniques in the second half of the nineteenth century and of the industrial offset color print since the first decade of the twentieth century, the techniques of traditional, artisan printing lost their dominating role. The "archaic" techniques were marginalized and subsumed under the term "printmaking". Printed graphic, now reduced to the narrow area of art, followed, with few exceptions like the Dadaists and the "Brücke" artists, the main movements of visual arts. Almost all renowned twentieth century artists produced etchings, lithographs, or woodcuts, however, the advancement of their art took place in painting. Thus the general esteem for printmaking dwindled, ranking far below the "original" paintings or drawings.

The characteristics of printmaking differ categorically from those of twentieth century art. Printmaking is incompatible with somebody's haughty proclamation to be a "Bricoleur", simply because a lack of sound knowledge of materials and a precise craftsmanship only results in very bad prints. The Bricoleur prides himself not to take any notice of the material worked upon and to disregard the virtues of craftsmanship along with an "ingeniously" imprecise execution.

The twentieth century avant-garde appointed itself, with few exceptions, to negate all social obligations and objectives and tried ferociously to keep any social reality at bay.[10] Thus Picasso's painting "Guernica" with its clear positioning always was considered "the" paradigm of political art, as his pictures, like those of most of his contemporaries, only rarely permit a political interpretation. Artists eliminated all political, even all explicitly social aspects from their works. They even shied at "reality terrorism"[11].

Twentieth century art concentrated self-referentially upon technical and formal problems of its own, offered an esoteric-cabalistic surrogate for religion and indulged in uninhibited artistic self-expression and cultic authenticity without any considerations concerning their public. It dedicated itself to psychoanalytic self-reflection or a speculative, macrocosmic view of infiniteness. The "pure" picture was created, without any purpose, after "innate-artistic" rules, established by the artists and their patrons. Art considered its freedom to be eluding any utilization for other interests. It lost itself in a vacuum of purposelessness and boundlessness, thus banning itself from any political discourse. Therefore, innumerable attempts are needed to "impart" art to the public, to show them that art is important simply because of its self-enacted irrelevance. The public's curiosity is fobbed off with the remark that a work of art "makes one think of something" or "might be seen in connection with something", as no other intellectual sustentation, no message is contained in the work of art. The mere pronouncement of its extraordinary importance is its praise, repeated like a mantra.

Printmaking served the leading artists of the twentieth century to continue to reflect on their innate artistic problems, simply with other methods; therefore, the message was mostly an effective and cost-saving distribution of their figurative language and their fame, in line with the market.[12] Thus, printmaking was reduced to be "cheap" art for everybody, for culture-dedicated trade union circles and juvenile novices. This was no novelty: Already Peter Paul Rubens demonstrated in his studio how to benefit from this medium.[13]

Only a purposeful conveyance of relevant messages justifies to start the costly and laborious process of production and distribution. This practical commitment to the message is incompatible with the self-referential concentration upon problems of one's own, with losing oneself in private "spiritual and metaphysical altitude flights"[14]. It does not fulfill the public desire for an art which permits "a relaxed floating of thoughts"[15].

/ journal of the current state of printmaking, Book Series of the University of Applied Arts Vienna, ed.by Gerald Bast, Rector, Springer Wien New York 2010, S.47 ff./p.65 ff.; Walter Koschatzky: *Kunst der Graphik* (fn.1)

[13] cf. Wolfgang Ullrich: *Raffinierte Kunst* (fn.9); Ernst Rebel: *Druckgraphik*, p.55 ff. (fn.12)

[14] cf. Wolfgang Ullrich: *Gesucht: Kunst!*, p.89 (fn.2)

[15] ibid.

Contrary to artists of past centuries, contemporary artists deliberately abstain from being familiar with the technical and aesthetic achievements and experiences of their precursors, to learn from them, deduct further developments, and thus outplay their forerunners. They moreover denounce any commitment to tradition and ignore earlier rules. However, they do not replace tradition by innovation, which would at least require some knowledge of tradition, but by originality and spontaneity, which at closer inspection reveals itself as a mere re-invention of the wheel which not even turns around smoothly. This is considered authentic art and sold as such. In contrast, graphic artists keep close and constant contact with tradition and the experiences of their forerunners. They are well able to investigate and extravagate traditional boundaries, where new discoveries are to be expected. Michael Schneider's "übertragung/transfer" is a very good example of such precise work without any rotten compromise, extricating the maximum from all technical procedures and offering his public beautiful as well as realistic images.[16]

Non-art in the twentieth century

Of course, the were also print artists in the twentieth century who distributed messages: the 1968 artists[17] and individual artists like Otto Rudolf Schatz, Alfred Hrdlicka, Florentina Pakosta, ... Posters and comics still have some significance as multiplied images, however, movies, TV and internet are of even greater impact.

To transfer visual messages is not simply a historical task, it's significance in the twentieth century is higher than ever: During the really existing socialism, numerous print artists couched their protest in pictures, meant as secret messages, in argot, passed on to friends. New connotations were given to pictorial symbols, becoming logos for insurgent opinions. This worked similarly in the West with poster art of the 1968 movement.

In the 1990ies, Stephan Hilge created icons for the KZ Mauthausen with his series "Bergkristall" by etching texts of KZ prisoner Levy and adding simple icons.[18] Such works have and will keep their significance through a combination of aesthetic and artisan qualities, and the severity of their topics, but also and because they oppose all criteria of official academicism.

Artistic posters in an effective picture language also keep on living as interventions in public areas, such as those by Deutschbauer/Spring[19] and Josef Danner[20].

[16] cf. Michael Schneider, übertragung / transfer. Broschüre der Wiener Linien, Wien 2010 cf. Philipp Maurer: übertragung – Druckgraphik vom Papier zur Wand. In: Um:Druck Nr.14/2010, p.17 (fn.3) cf. Michael Schneider: Der erweiterte Kunstbegriff. In: Um:Druck Nr.14/2010, p.18

[17] For the 1968 artists, images were merely a cheerful bonus for austere words – Klaus Staeck's political posters, however, are still remembered!

[18] cf. Wolfgang J. Bandion: Himbeerpflücker. In: Wiener Kunsthefte, ed. Kleine Galerie, Gesellschaft für Kunst und Volksbildung, Wien, Nr.1/2000, pp.1, 15 cf. Wolfgang J. Bandion, Stephan Hilge, Cathrine Stukhard: Erinnern Remembering Souvenir Ricordare Помнить. ed. Österreichischen Lagergemeinschaft Mauthausen, 1998

[19] cf. Philipp Maurer: Deutschbauer/Spring: Plakate – mehrdeutig. In: Um:Druck Nr. 7/2008, p.14 f. (fn.3); cf. Julius Deutschbauer / Gerhard Spring. Nur 100 Plakate / Only 100 Posters, ed. Peter Noever, MAK Studies 10, Verlag für moderne Kunst, Nürnberg 2008

[20] cf. Georg Lebzelter: „Woher kommen wir, wohin gehen wir? Wer bezahlt unsere Fixkosten?“ In Um:Druck Nr.16/2010, p.19 f. (fn.3)

Printmaking in the twenty-first century

In the early twenty-first century, elaborate prints unabashed insist on message, and revert to traditional patterns and the medial properties of the traditional print, to move forward into the aesthetic center of a new social setup, where realism, message, opinion, and discussing relations regain actuality, where "concernment" and indignation lead to actions and taking standpoints. Art as such has taken this direction at the beginning of the twenty-first century. It's in the nature of this commitment to social criticism that printing techniques are applied and multiples produced to find allies and establish understanding for one's own concern. Subjects of this new, committed art are major political events, as well as family conflicts and the very ordinary experiences of every-day life.

Printmaking also applies the wise and matter-based combination of image and lettering, however, not as a formal plaything like in Cubism, but as a legible text, essential to comprehend the print. Thus the texts beneath the pictures in Monika Piorkowska's diploma thesis[21] exactly list time and place, explain the pictured situation and transfer privacy into the political context. Thus her works, where texts explain the pictures, acquire the "newspaper" appearance of early engravings und woodcuts. The explanatory text was and is an important element of the message in artistic prints, be it the woodcut of around 1550 depicting a malformed child[22], or the engraving showing the array of Austrian and Turkish armies at the Battle of Belgrade in the year 1717[23]. Both pictures are considered information as well as art.

Margret Kohler-Heilingsetzer's photo-lithographs „Kälteeinbruch"[24] are an artistic commentary on the right-wing conservative government in Austria between 2000 and 2007: She places photographs of rosebushes, wrapped into sackcloth for winter, in front of the famous balcony at the Vienna Hofburg, where on March 13th, 1938, Adolf Hitler gave his famous speech at the Austrian Anschluss. Kohler-Heilingsetzer, recalling the photographs from 1938 which have become icons, hints at one governing party's vicinity to National Socialism. Her works convey the same sense certainty on the migration from Africa to Europe – fishing boats, jam-packed with refugees, in front of luxurious cruise liners.

Karoline Riha[25] illustrates environments of young humans, ignored by society, cocooned in rooms of their own, caught in helpless gestures. She printed her latest series on glue – a laborious procedure, matching the rough title "Liminality": Borderview experience and thresholds, something separating and still binding, sticky – glue, after all. The German word *Leim* (engl.: glue) is etymologically not related to the

[21] cf. Philipp Maurer: *Zeit im Bild – Monika Piorkowskas Time Boxes.* In: Um:Druck 15/2010, p.12 (fn.3)

[22] cf. Marianne Jobst-Rieder: *Die Astrologentafel des Eustachius Froschauer. Ein kunst- und wissenschaftsgeschichtliches Zeitdokument.* In: Um:Druck 1/2006, p.17 ff., p.18 (fn.3)

[23] cf. Jan Smit: *Schlacht um Belgrad ..., Amsterdam um 1721,* colored engraving; City Museum Belgrad, Inv. Nr. MGB I 1 467, fig. in: Um:Druck 15/2006, p.17 (fn.3)

[24] cf. Margret Kohler-Heilingsetzer: *Kälteeinbruch. ,Volks'gartenprojekt/ Wien*, Bibliothek der Provinz, Weitra 2006 cf. Leonore Maurer: *Kohler-Heilingsetzer: Sitzen im Boot.* In: Um:Druck 12/2009, p.23 (fn.3) cf. Philipp Maurer: *Auf der Fahrt ins bessere Leben.* In: Um:Druck 14/2010, p.22 ff.

[25] cf. *Karoline Riha*, In: Um:Druck Nr.2/2006, p.24 f. (fn.3) cf. Philipp Maurer: *Liminalities – Karoline Rihas Grenzgänge.* In: Um:Druck 15/2010, p.13

English word *liminality*, which is derived from the Latin word *limen* (boundary, barrier, threshold). The artist, however, makes use of the consonance of words and creates sensuous images. She surmounts all borders of the traditional graphic print: from flatware to space, from series to movie. She ignores the demand for the durability of materials. But: The message is convincing, the social "grounding" persists!

In a large edition, the Vienna daily "Die Presse"[26] depicted on December 24, 2010 at the front pages of its sections woodcuts by Lukas Pusch in connection with the discourse between Christianity and Islam: "Merry Christmas" was written in front of the Hagia Sofia in Istanbul, and the sentence "God is great" in Arabic characters above St. Stephen's cathedral in Vienna. Simple, comprehensible, classical woodcuts – there is no need for technical subtlety to produce pictures illustrating a current discourse.

Elaborate prints always encourage to talk, dispute, argue: about their characteristic technique, their formal qualities, their message, relating themselves to the beholders' own thoughts and actions. Elaborate printmaking supplies a center of discussion outside itself, hinting at different issues, social, rational, disputable.

Ahead into the center of committed art

For about 20 years, the key question of fine arts and visual culture is not the one for new pictures discovered, but for new technologies and methods of picture distribution, i.e. for socialization, regionalization, and globalization of images. The image's religious-cultic und meditative salutary promise is overtaken by the scientifically informative and socially arguing picture. Cultic and self-reflecting contemplation are passé – this is much better done by fashion, musicals, shows, and movies. For art without message, only ornamentation is left: at the best case as an enlargement of design and architecture, in the worst case as a disturbance for the users of design and architecture.

Some of the twenty-first century avant-garde once more integrate social aspects into art, by spreading it beyond its formal limits: They cook for collectors, care for the poor by welfare work, design houses, sing songs, write essays etc. etc. Such activities originate from a dilettante ignorance of subject-specific rules and result in a mediocrity of any activity.

Others, like print artists, especially those working with digital images, integrate social aspects into art and express their concern as regards content by conventional artistic means. They go back to their cultural

[26] Die Presse, Wien 24.12.2010, p.1, 13, 25 and Spectrum, p.1

traditions, pronounce social and political issues in opposition to the positions distributed by mass media, and analyze images of political culture, present in and also traded in society and economy. They do not create new pictures without any meaning, but give existing images new connotations. Such collages, however, were not at all unknown to the Dadaists as well.

The big chance for contemporary printmaking is to enter the intellectual and argumentative vacuum which originated from the absence of an alternative political journalism and of any efficient political and cultural opposition. Print artists are active this way, on purpose or unconsciously, equipped with a political understanding which clearly differs from that pronounced in 1968, which still holds good for intellectuals advanced in their years. Printmaking is a new political culture of discourse, where illustrations of current politics and culture are equivalent to the written word. The "worker's clenched fist" as an icon for resistance against poverty and suppression is out, in are portraits of Che Guevara, printed on T-shirts. In is not a mythology of colors but the open discussion, in is emotional thinking, empathy, solidarity with the excluded and the constricted[27] – for the very best among the printingmaking artists, published with technical, compositional, aesthetic expertise. Art as we have known it since the sixteenth century.

Conclusion

The abstinence from any message made twentieth century print making sink into oblivion. With technical innovation, but without any message, printed art would remain meaningless. Innovation combined with message, however, makes it play a leading role in the restoration of an art which returns to opening itself to society and its issues and problems, trying to form opinions, and once more fulfils the traditional functions of art, in a new politico-cultural environment.

[27] cf. Jean Clair: *Avantgarde zwischen Terror und Vernunft. Die Verantwortung des Künstlers.* DuMont, Köln 1998

Biographien

Biographies

Snejina Bisserova

Geboren 1962 in Sofia, Bulgarien. Sie lebt und arbeitet in Sofia. 1988 graduierte sie in Druckgrafik an der nationalen Kunstakademie in Sofia (MFA – Master of Fine Arts). Sie ist seit 1991 Dozentin für Druckgrafik an der National School of Fine Arts in Sofia. Seit 2006 ist sie Dozentin für Grafik und Druckgrafik an der nationalen Akademie für schöne und angewandte Kunst in Sofia und an der Universität Sv. Clement Ohridski in Sofia. 2007 Doktorat für Philosophie in Kunst, Fachbereich Druckgrafik. 2006 veröffentlichte sie ihr Buch „Siligraphy – a waterless surface-printing method" („Siligrafie – ein wasserloser Flachdruck"). Ihre Drucke befinden sich in: Chinese Artists Association; Stadtverwaltung von Francavilla al Mare, Italien; Sant Carles de la Rapita, Spanien; Iowa Biennial Exhibition research archives, USA; Kanagawa Prefectural Gallery, Japan; Museo d'Arte Paolo Pini, Mailand, Italien; Tama Art University Museum, Tokio, Japan; Sammlung der Bulgarischen Botschaft in Tokio; Sammlung des Florean Museums, Rumänien; in privaten Sammlungen in Bulgarien, Belgien, England, Frankreich, Griechenland, Italien, der Sammlung von Luciano Nastuzzi, in Mexico, Schweden, den USA und Serbien.

Bisserova was born in 1962 in Sofia, Bulgaria, where she lives and works. In 1988 she graduated from the National Art Academy in Sofia, M.F.A. in printmaking. Since 1991 she has been a lecturer in printmaking at the National School of Fine Arts in Sofia. Since 2006 she has been a lecturer in graphics and printmaking at the National Academy of Fine and Applied Arts in Sofia and at the Sofia University Sv. Clement Ohridski. 2007 – Ph.D. on speciality Science of Art and Fine Arts for the needs of Department Printmaking. 2006 – Wrote and published the book "Siligraphy – a waterless surface-printing method." Her prints are in the collection of: the Chinese Artists Association; The City of Francavilla al Mare, Italy; Sant Carles de la Rapita, Spain; Iowa Biennial Exhibition research archives, USA; Kanagawa Prefectural Gallery, Japan; Museo d'Arte Paolo Pini, Milano, Italy; Tama Art University Museum, Tokyo, Japan; the Bulgarian Embassy in Tokyo; the Florean Museum, Romania and some private collections in Bulgaria, Belgium, England, France, Greece, Italy, the Luciano Nastuzzi's collection, Mexico, Sweden, USA and Serbia.

Chiara Giorgetti

Geboren 1963. Sie erlangte ihr Diplom als BFA (Bachelor of Fine Arts) an der Akademie für schöne Künste in Florenz und als MFA (Master of Fine Arts) für farbige Druckgrafik an der *International School of*

Graphic Art Il Bisonte bei Prof. Swietlan Kraczyna. Sie ist Professorin für Stampa d'Arte (künstlerischer Druck) an der Akademie für schöne Künste, Brera, Mailand. Sie arbeitet in verschiedenen Techniken, nimmt seit 1985 an internationalen Ausstellungen, Lehrveranstaltungen und Workshops teil, und arbeitet an Zeitschriften mit. 2001 gründete sie *Printshow.it*, eine E-Zine für Druckgrafik – eine Open Source Plattform als Verbindung der italienischen Druckgrafik-Szene zur Praxis zeitgenössischer Kunst. In letzter Zeit arbeitete sie als *artist in residence* an der Universität von Connecticut, USA, und veröffentlichte eine Arbeit über Bücher von Künstlern an der *School of Printing and Publishing at the London College of Communication, University of Fine Arts* in London.

Born in 1963, Giorgetti earned a BFA from the Academy of Fine Arts in Florence, and a MFA from the *International School of Graphic Art Il Bisonte* in Color Printmaking studying with Professor Swietlan Kraczyna. She is Professor of Stampa d'Arte (Art print) at the Academy of Fine Arts of Brera in Milan. She works with a wide range of media and participates in international exhibitions, lectures, workshops and collaborates with magazines. In 2001 she founded *Printshow.it*, a webzine devoted to printmaking and is a source for connecting the Italian printmaking scene to the practice of contemporary art. Most recently she was an artist-in-residence at the University of Connecticut in United States and she presented a paper on artist's books at the *School of Printing and Publishing at the London College of Communication, University of Fine Arts* in London.

Monika Knofler

War Mitarbeiterin der Wiener Albertina und Art Director der UNICEF in Genf und New York, seit 1995 ist sie Direktorin des Kupferstichkabinetts der Universität Akademie der bildenden Künste Wien. Sie ist Ansprechperson und Vertreterin von UMAC (University Museums and Collections) in Österreich, einer Zweiggruppe von ICOM (International Council of Museums), des Dachverbandes aller Museen weltweit. Sie beobachtet seit Jahren die Entwicklungen im Bereich der Grafik und Druckgrafik und verfolgt die Diskussionen an Museen und bei Sammlungen.

Knofler was a staff member at the Albertina in Vienna and Art Director of UNICEF in Geneva and New York. Since 1995, she has been the director of the Graphic Collection of the Academy of Fine Arts Vienna. She is the representative of UMAC (University Museums and Collections) in Austria, a branch group of ICOM (International Council of Museums), the worldwide umbrella organization of museums. Over the years, she has observed the developments in graphic art and printmaking, and has monitored discussions in museums and collections.

Beauvais Lyons

Ist *Ellen McClung Berry Professor of Art* an der Universität von Tennessee in Knoxville, wo er seit 1985 Druckgrafik unterrichtet. Lyons erlangte seinen MFA-Titel (Master of Fine Arts) 1983 an der Arizona State University, seinen BFA-Titel (Bachelor of Fine Arts) 1980 an der Universität von Wisconsin-Madison. Während der letzten Jahre hatte Lyons Einzelausstellungen an der Vanderbilt University, Nashville, Tennessee; der Carnegie Mellon University, Pittsburgh, Pennsylvania; der Virginia Commonwealth University, Richmond, Virginia; und in der Nowy Oficia Galeria, Gdansk, Polen. Er veröffentlichte Artikel über Theorie und Lehre des Druckens in *Contemporary Impressions* und *Printmaking Today*, über Kunstzensur an den amerikanischen Universitäten in *Art Journal*, und über seine Atelierarbeit in *Archaeology* and *The Chronicle of Higher Education*. Druckgrafiken von Lyons befinden sich in den Sammlungen des *Smithsonian Museum of American Art*, Washington, DC, des *Whitney Museum of American Art*, New York, NY und im *Philadelphia Museum of Art*, Philadelphia, PA. In den USA ist er Mitarbeiter des *Southern Graphics Council* in seiner Funktion als Präsident und Herausgeber von *Graphic Impressions*, und als Organisator der Konferenzen von 1992 und 1995 in Knoxville sowie 2002 in New Orleans. 2002 unterrichtete er im Rahmen eines Fulbright-Stipendiums an der Akademie für schöne Künste in Poznán, Polen und war Vorsitzender der IMPACT 4-Konferenz in Berlin und Poznán.

Lyons is the *Ellen McClung Berry Professor of Art* at the University of Tennessee in Knoxville where he has taught printmaking since 1985. Lyons received his MFA from Arizona State University in 1983 and his BFA from the University of Wisconsin-Madison in 1980. Lyons' one-person exhibitions have been presented in recent years at Vanderbilt University, Nashville, Tennessee; Carnegie Mellon University, Pittsburgh, Pennsylvania; Virginia Commonwealth University, Richmond, Virginia; and Nowy Oficia Galeria, Gdansk, Poland. He has published articles on print theory and pedagogy in *Contemporary Impressions* and *Printmaking Today*, on art censorship in American universities in Art Journal, and on his studio work in *Archaeology* and *The Chronicle of Higher Education*. His prints are in the collections of the *Smithsonian Museum of American Art*, Washington, DC; The *Whitney Museum of American Art*, New York, New York and the *Philadelphia Museum of Art*, Philadelphia, Pennsylvania. In the United States, he has been active with the *Southern Graphics Council*, serving as President and Editor of *Graphic Impressions*, and helped organize its conferences in 1992 and 1995 in Knoxville, Tennessee and in 2002 in New Orleans, Louisiana. In 2002 he received a Fulbright Fellowship to teach at the Fine Arts Academy in Poznán, Poland, and served as the chair of the IMPACT 4 Conference held in Berlin and Poznán.

Philipp Maurer

1952 in Wien geboren. 1972 bis 1984 Studium der Germanistik, Geschichte und Kunstgeschichte an der Universität Wien, 1984 Promotion zum Dr.phil. Arbeitete ab 1979 als Erwachsenenbildner und leitete 1986 bis 2005 *Die Kleine Galerie* (Galerie für internationale Druckgraphik) und war gleichzeitig Chefredakteur der *Wiener Kunsthefte*. 2006 Gründungsmitglied des Kulturvereins *Freunde der Druckgraphik*, seit 2006 Herausgeber und Chefredakteur des *Um:Druck – Zeitschrift für Druckgraphik und visuelle Kultur*. Organisiert und kuratiert Druckgraphik-Ausstellungen, hält kulturwissenschaftliche Vorträge. Zahlreiche Publikationen (Literaturwissenschaft, Kunstgeschichte, Kunstwissenschaft und -vermittlung).

Maurer was born in 1952 in Vienna, Austria. From 1972 to 1984, he studied German philology, history and art history at the University of Vienna and received a Ph.D. in 1984. Since 1979, he has been working in adult education. From 1986 to 2005, he was the director of *Die Kleine Galerie*, a gallery devoted to international printmaking. During that time he was also the chief editor of *Wiener Kunsthefte*. In 2006 he was a founding member of the association *Friends of Printmaking*, and since then has been the publisher and chief editor of *Um:Druck – Magazine for Printmaking and Visual Culture*. Maurer also organizes and curates printmaking exhibitions, lectures about cultural sciences, and contributes to numerous publications covering art studies, art history and art communication.

Dorothee Pauli

Ist Absolventin der *University of Canterbury*, Christchurch, Neuseeland, wo sie 2000 als PhD (Doctor of Philosophy) in Kunstgeschichte graduierte. Davor hatte sie die *School of Art and Design at Christchurch Polytechnic Institute of Technology* absolviert, mit dem Diplom für *Visual Communication* abgeschlossen und arbeitet nunmehr dort als Dozentin für *Contextual Studies*. Sie hat zahlreiche Arbeiten über Aspekte der neuseeländischen Kunst und Architektur des 20. Jahrhunderts publiziert und beschäftigt sich gegenwärtig mit der Kunst des Widerstandes in der westlichen visuellen Kultur.

Pauli graduated from the *University of Canterbury*, Christchurch, New Zealand, where she completed her PhD in Art History in 2000. Prior to that, she completed a Diploma in *Visual Communication* at the *School of Art and Design at Christchurch Polytechnic Institute of Technology*, where she now works as a senior lecturer in *Contextual Studies*. She has published widely on different aspects of 20th century New Zealand art and architecture and is currently pursuing her interest in the art of dissent in Western visual culture.

Georg Russegger

Ist Leiter des Forschungs- und Entwicklungsprojektes *Ludic Interfaces* im *Interface Cultures Lab* der Kunstuniversität Linz und künstlerischer Leiter des Festivals *Coded Cultures* gemeinsam mit *5uper.net*. Für seine Dissertation *Vom Subjekt zum Smartject* (erschienen 2009 bei Turia und Kant) erhielt er 2007 den *Award of Excellence*. Die Themenstellung *kreativer Entwurfspraktiken menschlicher-medialer Selbstorganisation in medienintegrierten Wissens- und Erfindungskulturen* sind zentrale Forschungsthemen. Gemeinsam mit Prof. Dr. Manfred Faßler gründete er die Gruppe *FAMe* (Forschungsnetzwerk Anthropologie des Medialen) in Frankfurt. Georg Russegger ist seit 10 Jahren als Medienkünstler, Kurator und Vermittler von kunsttheoretischen Überlegungen tätig.

Russegger is the head of the research and development project *Ludic Interfaces* in the *Interface Cultures Lab* of the University of Arts at Linz (Austria), and art manager of the festival *Coded Cultures* in collaboration with *5uper.net*. For his thesis *Vom Subjekt zum Smartject* (published 2009 at Turia und Kant), he received the *Award of Excellence* in 2007. His topic covered *creative design practices in human/medial autoorganization in media-integrated cultures of knowledge and invention* is a central issue of research. In co-operation with Prof. Manfred Faßler, Russeger founded the group *FAMe* (Forschungsnetzwerk Anthropologie des Medialen) in Frankfurt, Germany, and for 10 years, he has been active as a media artist, curator and art communicator.

Michael Schneider

Geboren 1967 in Innsbruck. Er studierte an der Akademie der bildenden Künste in Wien (Mag.art 1991) und an der Tokyo University of the Arts in Japan (MFA 1997). Seit 1990 arbeitet er intensiv in den Techniken des Holzschnitts und Holzdrucks. Für seine Forschungen auf dem Gebiet ungiftiger und computerunterstützter druckgrafischer Techniken erhielt Michael Schneider 2005 den *Theodor-Körner-Preis*. Ausstellungen und Ausstellungsbeteiligungen in Europa, Japan, Korea, Kanada und den USA. Redaktionsmitglied der *Wiener Kunsthefte* (1997-2005) und des *Um:Druck – Zeitschrift für Druckgraphik und visuelle Kultur* seit 2006. Neben seiner Arbeit als freischaffender Künstler ist Schneider Assistenzprofessor an der Webster University in Wien und Senior Artist an der Universität für angewandte Kunst Wien.

Schneider was born in 1967 in Innsbruck, Austria. He graduated from the Academy of Fine Arts, Vienna in 1991 and earned a MFA from the Tokyo University of the Arts in 1997. He has worked intensively in woodcut and woodblock print since 1990. For his research in non-toxic and computer aided printmaking, he was awarded the *Theodor-Körner-Award* in 2005. He has exhibited his work in group and solo shows in Europe, Japan, Korea, Canada and the USA. From 1997 to 2005, he was staff-writer for the *Wiener Kunsthefte* and since 2006 for *Um:Druck – Magazine for Printmaking and Visual Culture*. In addition to being a freelance artist, he serves as Assistant Professor in the Art Department of Webster University, Vienna and as Senior Artist at the University of Applied Arts, Vienna.

Einladung zur Einsendung von Manuskripten

im:print 2012 erscheint im März 2012 zur SGCI Conference in New Orleans, Louisiana (http://sgcinternational.org). Wir begrüßen unveröffentlichte Manuskripte zu folgenden Themen:

- Aktuelle Entwicklungen im Bereich Druckgrafik, Buchkunst und Multiple
- Konzepte und Strategien der Druckgrafik und verwandter künstlerischer Praxis
- Neue technische Möglichkeiten, die es KünstlerInnen erlauben, Originalkunstwerke zu publizieren
- Geschichte der Druckgrafik und der publizierten Kunst
- Internationaler Dialog im Bereich der Druckgrafik

Die Manuskripte für die Begutachtung sollen maximal 5.000 Wörter umfassen und auf Deutsch oder Englisch verfasst sein. Artikel können unterschiedlichste Formen annehmen (wissenschaftliche Artikel, Interviews, Gesprächsaufzeichnungen, Hypothesen, Arbeitsnotizen, didaktische Anleitungen, künstlerische Projekte). Im im:print ist keine Reproduktion von Kunstwerken vorgesehen. Audiovisuelle Inhalte werden auf der Internetseite *www.im-print.org* veröffentlicht.

Manuskripte in Form von Open Office oder Word Dateien sollen **bis 31. Oktober 2011** einlangen und eine Kurzbiografie enthalten.

Peers des im:print sind: Assoz. Prof. Scott Betz (USA), Prof. Beauvais Lyons (USA), Assoz. Prof. Miida Seiichiro (Japan), Prof. Jožef Muhović (Slowenien), Prof. Sigbert Schenk (Österreich)

Adresse für die Zusendung von Manuskripten:

Universität für angewandte Kunst
Klasse für Grafik und Druckgrafik
c/o Michael Schneider
Expositur Henslerstr. 3
1030 Wien, Österreich

oder an die mail-adresse: grafik@uni-ak.ac.at

Call for Papers

im:print 2012 will be published in March 2012 in time for the SGCI Conference in New Orleans, Louisiana. We welcome contributions in form of manuscripts not previously published that discuss:

- Current developments in the field of printmaking, multiple and book art
- Concepts and strategies in printmaking and related artistic practice
- New techniques that allow artists to publish original artwork
- The history of printmaking and art intended for publication
- The international dialog about printmaking

We accept submissions in German and English for peer-review. The text should not exceed 5.000 words. Articles may be written in a range of forms (scholarly articles, interviews, conversations, forums, speculations, working notes, pedagogical essays and artists' projects). We do not plan to reproduce images within the publication, but offer publication of audiovisual material through the website *www.im-print.org*.

Manuscripts should not arrive later than **October 31st 2011**. Please include a short biography. Open Office or Word formats are supported.

Peers of the im:print are: Assoc. Prof. Scott Betz (USA), Prof. Beauvais Lyons (USA), Assoc. Prof. Miida Seiichiro (Japan), Prof. Jožef Muhović (Slovenia), Prof. Sigbert Schenk (Austria)

Please send manuscripts to:

University of Applied Arts Vienna
Department of Graphics and Printmaking
c/o Michael Schneider
Expositur Henslerstr. 3
1030 Vienna, Austria

or by email to: grafik@uni-ak.ac.at